中公新書 2505

神島裕子著

正義とは何か

現代政治哲学の6つの視点

中央公論新社刊

まえがき

二〇一〇年、ハーバード大学でのマイケル・サンデル教授による政治哲学の講義が「ハーバード白熱教室」としてＮＨＫで放映されました。その後、サンデルの著書『これからの「正義」の話をしよう――いまを生き延びるための哲学』が出版され大ベストセラーとなり、「正義」への関心が一気に高まりました。通勤・通学の電車内でサンデル本を読む人びとの姿を見ることともありました。一大ブームとなったのです。

「ハーバード」というブランドと、学生とのインタラクティヴな講義スタイルの斬新さとが相まって、しばらくこのサンデル・ブームは続きました。サンデルのテレビ番組への出演が続き、東京大学での特別講演なども催されました。ここ数年、漫画やドラマで登場人物が「正義」をさかんに口にするようになったのは、サンデル効果があってのことだと思われます。サンデルは日本で「正義」という言葉を改めて人口に膾炙《かいしゃ》させたと言えます。

このブームの背景には何があったのでしょうか。『週刊東洋経済』の二〇一〇年八月一四－二一日号の特集「実践的「哲学」入門」によれば、日本社会に「先行きへの、そこはかとない「不安」」があったそうです。五五年体制の終焉《しゅうえん》と政治的な不安定、二〇〇八年のリーマンショックにはじまるグローバル資本主義の低迷によるリストラや就職難、自殺者の年間三万人超え、鬱病患者の一〇〇万人突破……そのような不安な時代に求められたのが哲学である、との理解が示されました。

たしかに後世に名を残すような偉大な哲学者の多くは、不安な時代、激動の時代、あるいは危機の時代に登場しました。しかし人間の営みである哲学は、およそ人間がいる限り、いつの世においても在り続けてきたものです。また、そのテーマは「正義」だけではありません。サンデルに続く思想・哲学系のベストセラーに、心理学者アルフレッド・アドラーに寄せた『嫌われる勇気――自己啓発の源流「アドラー」の教え』(岸見一郎・古賀史健著、ダイヤモンド社、二〇一三年)がありますが、アドラーの思想・哲学は、少なくとも本書で取り上げる正義論とは一線を画しています。アドラー本のテーマは〈私〉であり〈社会〉ではありません。そこでの私は社会を変えようとはしません。私を取り巻く周囲に対する私自身の認識を変えることが推奨されているのです。

不安な時代において、いかにして〈私〉が人生の荒波を泳ぎきるか……このテーマは重要であり、これに関する知見は、おそらく誰もが必要としているでしょう。そして「いまを生き延びるための哲学」という邦訳の副題が付されたサンデル本は、この文脈で、つまり私がこの世知辛い世のなかを渡りきるための知見を授けてくれるものとして、受け入れられたのかもしれません。与えられた特定の状況下で私はどう振る舞うべきか。これに関する道徳的判断にはさまざまありうることを指し示すサンデル流のスタイルが、〈君は君の正義を貫け。私は私の正義を貫く〉という「正義」の私的使用を称揚してしまったのかもしれません。

しかし、〈君は君の正義を貫け。私は私の正義を貫く〉というスタンスでは、私たちに「先行きへの、そこはかとない「不安」」を感じさせる社会問題を解決することはできません。サンデル・ブームの熱は過ぎ去り、「先行きへの、そこはかとない「不安」」は確実なものとなり、さらにはニヒリズム（虚無主義）が進行するなか、人びとはますます無力感を覚えています。

不安な社会で虚無主義に陥った〈私〉が生き延びるためには、「勝ち組」になって市井《しせい》の人びととの日常と無縁の生活を送るか、リスクを最小限に抑えた「為《な》さない・持たない」生活を送るかではないでしょうか。あるいは人生がうまくいかない理由を特定の他者の存在に見《み》出《いだ》すことで、辛うじて自己肯定感を保つことになるのかもしれません。すると社会は分断され、憎悪と不寛容がはびこり、民主主義はますます危うくなります。

こうした事態に取り組むための一手段として、正義の理論があります。〈君と私で合意できる正義は何かを考えよう〉という、民主的な哲学の営みです。そしてサンデル本も実のところ、彼独自の視点にもとづく正義論を提供するものとなっています。サンデルの正義論が属する現代正義論は、畢竟《ひっきょう》、正しい社会のあり方を追求するものなのです。

本書では、ジョン・ロールズからはじまる現代正義論の思想的系譜を辿《たど》ることを通して、正しい社会についてだけではなく、そのような社会における個人の幸福について考えるための材料も提供します。私たちが生きているのは、ニーチェ的な意味で「神」が死んだ時代です。この時代の正義論は、社会に生きる個人の自由とそれを支える権利を祝福するものとなっています。あわせて、正義の言わば公共的使用の困難を示唆したいと思います。ロールズが自らのよく知られた正義原理を正当化するためにどれほど骨を折ったか、そしてロールズ以降の論者たちがロールズを批判もしくは乗り越えるためにどれほど苦労を重ねてきたかは、想像を絶するほどです。こうした困難にもかかわらず現代正義論が受け継がれているのは、〈君は君の正義を貫け。私は私の正義を貫く〉ではすまない領域が拡大し、そこにおいて見過ごせない事態が生じてきたからです。

たとえ傲慢だと言われようとも、正しい社会のあり方は論じられなければならず、また論じられ続けなければなりません。この意味で正義論は実践的な使命を帯びた、しかしながら驚くほど地味で綿密な知的フィールドです。皆さんもぜひ、人生において一度は、このフィールドに降り立ってみましょう。

正義とは何か＊もくじ

正義とは何か

序章　哲学と民主主義
——古代ギリシア世界から

「こうして、討論の結果ぼくがいま得たものはと言えば、何も知っていないということだけだ。それもそのはず、〈正義〉それ自体がそもそも何であるかがわかっていなければ、それが徳の一種であるかないかとか、それをもっている人が幸福であるかないかとかといったことは、とうていわかりっこないだろうからね」

（プラトン『国家』）

現代正義論においては、「正しい社会のあり方」に関して、複数の構想が競合しています。これらについては次章から詳しく見てゆくことになります。その前にまず、古代のギリシア世界にさかのぼり、哲学と民主主義の関係について触れておきたいと思います。

古代ギリシア世界

哲学が誕生し開花した古代ギリシア世界には、複数の「ポリス」がありました。ポリスは「都市国家」とも称されるように都市が国家になったもので、その規模は小さいものでした。ポリスの中心部には広場（アゴラ）があり、市民階級の男性が市場で買い物をしたり、近くで民会や裁判に参加したりしていました。周辺は農耕地帯で、市民の家（オイコス）が存在し、家のなかでは女性と奴隷が生産活動に従事していました。神殿もありました。ソクラテス（前四六九―前三九九頃）が問答法をはじめたのも、彼の友人に下されたデルフォイの神託――ソクラテス以上の賢者はいないというもの――があったためです。ソクラテスは自分よりも知恵のある人が本当にいないのかを、確かめたかったのですね。

この頃のポリスは、自足（アウタルキー）を理想とし、富国強兵に努め、他のポリスとの覇権争いに勤《いそ》しんでいました。ソクラテスが生きたのは、ポリス連合軍の一員としてペルシア戦争（前五〇〇—前四四九）に参戦後、デロス同盟の中心となっていたアテナイ（現在のギリシア共和国の首都アテネ）です。アテナイでは、民主制の古典的形態が完成しており、政治的・文化的・経済的にも栄華を誇っていましたが、もう一つの有力ポリスであるスパルタとの戦争（ペロポネソス戦争、前四三一—前四〇四）によって荒廃が進み、扇動政治家（デマゴーゴス）が力を持つようになっていました。

ソクラテスの「無知の知」

ソクラテスは現代正義論の土壌となる政治哲学の礎《いしずえ》を築いた人物です。ただし、ソクラテス自身の著作は残っておらず、その思想は、弟子プラトン（前四二七—前三四七）の対話篇に登場する「ソクラテス」から窺《うかが》い知ることができます。本章のエピグラフにおいたのは、プラトンの中期の対話篇『国家』（ポリテイア、国制）の一節ですが、「ぼく」ことソクラテスはこのとき、「正義」について自分は何も知らないという「無知の知」の境地に至っています。そして自らの無知を知りえたという意味で自分は賢いのだと、ソクラテスは悟ったのです。この場面の論敵はトラシュマコスなる人物。トラシュマコスは以下のように、当時のギリシア世界のさまざまなポリスの国制を取り上げて、どの国制においても「正義」は支配階級の利益になることだと豪語しています。

「しかるにその支配階級というものは、それぞれ自分の利益に合わせて法律を制定する。たとえば、民主制の場合ならば民衆中心の法律を制定し、僭主独裁制の場合ならば独裁僭主中心の法律を制定し、その他の政治形態の場合もこれと同様である。そしてそういうふうに法律を制定したうえで、この、自分たちの利益になることこそが被支配者たちにとって〈正しいこと〉なのだと宣言し、これを踏みはずした者を法律違反者、不正な犯罪人として懲罰する。

　さあ、これでおわかりかね？　私の言うのはこのように、〈正しいこと〉とはすべての国において同一の事柄を意味している、すなわちそれは、現存する支配階級の利益になることにほかならない、ということなのだ。しかるに支配階級とは、権力のある強い者のことだ。したがって、正しく推論するならば、強い者の利益になることこそが、いずこにおいても同じように〈正しいこと〉なのだ、という結論になる」（プラトン『国家』、傍点は原訳書）

約二四〇〇年の時を経た今日でも十分に意味をなすトラシュマコスの現実主義（リアリズ

ム）は、プラトンの初期の対話篇『ゴルギアス』に登場するカリクレスという人物によっても体現されています。「不正を行なうほうが不正を受けるよりも醜い」というソクラテスの主張に対して、カリクレスは、それは法律習慣（ノモス）の上においてだけだと反論します。

「……法律習慣の上では、世の大多数の者たちよりも多く持とうと努めるのが、不正なことであり、醜いことであると言われているのであり、またそうすることを、人びとは不正行為と呼んでいるのだ。だが、ぼくの思うに、自然そのものが直接に明らかにしているのは、優秀な者は劣悪な者よりも、また有能な者は無能な者よりも、多く持つのが正しいということである。そして、それがそのとおりであるということは、自然はいたるところでこれを明示しているのだが、つまり、それは他の動物の場合でもそうだけれども、特にまた人間の場合においても、これを国家と国家の間とか、種族と種族の間とかいう、全体の立場で考えてみるなら、そのとおりなのである。すなわち、正義とは、強者が弱者を支配し、そして弱者よりも多く持つことであるというふうに、すでに決定されてしまっているのだ」（プラトン『ゴルギアス』）

カリクレスも、自然そのもののあり方（ピュシス）の観察において強者が弱者を支配しているという理由から、正義とは強者による弱者の支配であると標榜《ひょうぼう》しています。さらに右で引用した文章の前段では、法律習慣は弱者が勝手につくったものだとも主張しています。ソクラテスの論敵トラシュマコスは、「ソフィスト」と称される職業にあったと言われています。カリクレスはゴルギアスという名前のソフィストの友人で、自身は新進気鋭の政治家でした。古代ギリシア世界においてソフィストは、有償で弁論術を教える人物を指しました。「詭弁家《きべん》」という訳語が当てられることもあるように、ソフィストの構えは〈そのものが何であるか〉を知らずに〈そのもの〉について語るものであるとして、問題視されていたのです。「そのひとりひとりが実際に教えている内容はといえば、まさにさっき話したような、そういう大衆自身の集合に際して形づくられる多数者の通念以外の何ものでもなく、それが、このソフィストたちが『知恵』と称するところのものにほかならない」と、ソクラテスは『国家』で述べています。

ソクラテスは、〈そのもの〉に関する相手の主張のあやふやな部分を問答によって削《そ》ぎ落としながら、〈そのものが何であるか〉を明らかにしようとした人でした。真理を探求する生き方が正しい生き方であり、また善い人生だと考えたのです。

このようなソクラテスの活躍ぶりは、信奉者を集めましたが敵も増やしました。ついには当時のアテナイの権力者たちの怒りを買い、神々を冒瀆《ぼうとく》したとか、青年をたぶらかしたといった罪で裁判にかけられて、五〇〇人の市民陪審員による民衆裁判で、死刑判決を受けてしまいます。ソクラテスは国外追放の道も選ばず、牢屋《ろうや》からの逃亡が可能だったにもかかわらずそうしませんでした。人生七〇年にわたって自ら愛し続けたアテナイ。禁じられていたわけでもないのに、祭礼のための外出とペロポネソス戦争での出征をのぞいて、アテナイを離れることがなかったソクラテス。子どももアテナイで育てました。ならばその国法を――たとえそれが自分に死刑判決を下したものであったとしても、裏切ることは不正ではないのか。国法の名で語りかけてくる心の声にソクラテスは耳を傾け、それを受け入れます。

「まあ、いずれにしても、いまこの世からおまえが去ってゆくとすれば、おまえはすっかり不正な目にあわされた人間として去ってゆくことになるけれども、しかしそれは、わたしたち国法による被害ではなくて世間の人間から加えられた不正にとどまるのだ。ところが、もしおまえが、自分でわたしたちに対しておこなった同意や約束を踏みにじり、何よりも害を加えてはならないはずの、自分自身や自分の友だち、自分の祖国とわたしたち国法に対して害を加えるという、そういう醜い仕方で、不正や加害の仕返しをして、ここから逃げていくとするならば、生きているかぎりのおまえに対しては、わたしたちの怒りがつづくだろうし、あの世へ行っても、わたしたちの兄弟たる、あの世の法が、おまえは自分の勝手で、わたしたちを無にしようとくわだてたと知っているから、好意的におまえを受け入れてはくれないだろう」（プラトン『クリトン』）

ソクラテスは、民主制アテナイの法に従って、自ら毒ニンジンのエキスが入った毒杯を仰いで死んでしまいました。たとえ逃亡して生き延びたとしても、不正をなしたとの判決を死後の世界で受ける可能性があることも、考慮に入れていたと思われます。魂が汚《けが》れることを畏れたのです。

プラトンの「哲人王」

ソクラテスの弟子であるプラトンは、ソクラテスを死刑にしたアテナイの政治に失望します。それでもプラトンは、人間の正しい魂の育成には理想のポリスが不可欠だと考えました。正しい魂とは、理知的部分、気概的部分、欲望的部分の調和のとれた魂のことです。プラトン曰《いわ》く、人間の魂には三つの部分があり、理知的部分は知恵、気概的部分は勇気、そして欲望的部分は節制という徳に関係しています。それぞれの部分が他の部分を侵犯することなく調和が保たれているときに、魂は〈正しくある〉、つまり正義にかなった状態にあります。他方でポリスの方にも、理知的部分、気概的部分、欲望的部分の三つの部分があり、それぞれ知恵、勇気、節制と関係しています。理想のポリスでは、哲人王を例とする守護者層が知恵を担い、軍人を例とする補助者層が勇気を担います。経済階層——「主として子供たちや女たちや召使たちや、さらに自由人とは名ばかりの多くのつまらぬ人たち」（『国家』）から構成され、生産活動に従事する人たち——には、自らの欲望を節制することが求められます。そして、これらの三つの徳を存続させるはたらきをするのが正義です。それぞれの部分が他の部分を侵犯することなく調和が保たれているときに、ポリスは〈正しくある〉、つまり正義にかなった状態にあるのです。やみくもな利益の追求は、魂とポリスの秩序をかき乱すものであるため、不正となります。

この魂とポリスのアナロジーから窺えるように、プラトンが説く正義は、人間とポリスの両方があってはじめて成立します。徳のある魂、すなわち調和のとれた「自己の内なる国制」の育成には、それを仕立ててくれる学問と、哲人王が必要です。哲人王は真の哲学者でなければならず、真の哲学者は真実を観ることを愛する人たちのことです。プラトンは自らの壮大なアイデアを「ぼく」こと「ソクラテス」に語らせます。

「哲学者たちが国々において王となって統治するのでないかぎり」とぼくは言った、「あるいは、現在王と呼ばれ、権力者と呼ばれている人たちが、真実にかつじゅうぶんに哲学するのでないかぎり、すなわち、政治的権力と哲学的精神とが一体化されて、多くの人々の素質が、現在のようにこの二つのどちらかの方向へ別々に進むのを強制的に禁止されるのでないかぎり……国々にとって不幸のやむときはないし、また人類にとっても同様だとぼくは思う。さらに、われわれが議論のうえで述べてきたような国制のあり方にしても、このことが果されないうちは、可能なかぎり実現されて日の光を見るということは、けっしてないだろう……」（プラトン『国家』）

ここで言われている国制は、二〇世紀のカール・ポパー以降、プラトンの全体主義と呼ばれることのある思想にもとづくものです。プラトンは、ポリス全体の利益のため守護者層の徳（守護者層としての優れた働き）を維持しようと、守護者層の男女に同じ教育（音楽・文芸・体育）を施し任務を与えることを提案すると同時に、女・子ども・生活・財産の共有を提案します。「これらの女たちのすべては、これらの男たちすべての共有であり……さらに子供たちもまた共有されるべきであり、親が自分の子を知ることも、子が親を知ることも許されない」法をつくるというのです。これは、守護者層ができるだけ優秀なままでいるように、子作りを統制しようという考えです。これがソクラテスに語らせた、〈正義とは何であるか〉に対するプラトン自身の答えの一部でした。この対話篇『国家』には、女性の対話者が見あたりません。実際アテナイの民主制では、市民階級であっても女性は、政治に参加することができなかったのです。

「哲学とデモクラシー」

正義は誰が語りうるものなのか――。

右で紹介したプラトンの提案は、古代ギリシア世界においても、人びとに広く受容されていた思想ではありませんでした。それについて少し言及してみたソクラテスは、観衆に突かれてはじめて、自説を開陳してゆきます。〈我ながら大胆なアイデアだが、これこそが正義をもたらすのだ〉という心の声が聞こえてきそうな臨場感です。

このような奇抜なアイデアを含むプラトンの『国家』が、長いあいだ政治哲学の「カノン」(正典)のひとつとして君臨してきたのは、それが可能だったからです。

現代では、「これらの女たちのすべては、これらの男たちすべての共有であり……」などと真顔で述べる正義の語り手は、いるとすればすぐさま反論されます。人間として男性と等しい権利を有する女性が観衆にいて、対話に参加しているからです。同様に、奴隷制を正当化したり、外国人や障碍者《しょうがいしゃ》の排除を訴えたりする正義の語り手も、同様に反論されます。人間として内国人や健常者と等しい権利を有する外国人や障碍者、あるいはその代弁者が、やはり観衆にいて、対話に参加しているからです。

こうして見ると、古代ギリシア時代から現代にかけて、正義論の言わば民主化が進んだことがわかります。現代では、およそ人間であれば誰でも、正義を語りうると同時に正義の対象となりうるのです。誰もが正義の主体である時代に、私たちは生きています。

この時代において、〈正義とは何であるか〉を決めるのは誰か。アメリカの政治哲学者マイケル・ウォルツァー（一九三五―）は一九八一年の「哲学とデモクラシー」という論文で、哲学と民主主義の関係について論じました。ウォルツァーの問題関心は、哲学が追求する真理と、人びとの民主的な決定、この二つのあいだにある緊張関係を、どのようにして解決するかにありました。

そもそも哲学者には、山や洞窟に籠《こ》もって真理を探求する人というイメージがあります。このイメージから導かれる哲学者とその政治とのかかわりについて、ウォルツァーは次のように述べています。


「哲学者はいかなる観念の共同体の市民でもない。そのことが彼を哲学者にするのだ」。私は、この［ウィトゲンシュタインの］言葉を、政治哲学者は政治的共同体から自分を引き離さなければならない、感情の絆や習慣的な観念から自分を切り離さなくてはならないという意味で解釈してきた。そのようにしてはじめて、政治哲学者は、政治的アソシエーションの意味と目的、共同体（あらゆる共同体）にとって適切な構造とその統治について、最も深い問いを発し、それに何とか答えようと努力することができる。この種の知識は外部からのみ得ることのできるものである。（ウォルツァー「哲学とデモクラシー」）

しかし、現代社会に生きる私たちを主体とする正義に関しては、現代社会の外部にいる哲学者の結論が正しいとは限りません。民主制を枠とする社会の正しさは、民主的決定と無関係ではいられないのです。哲学的に見てどんなに精確な政策であっても、それを採択するかどうかを決めるのは、その権利（正しさ）をもつ民衆です。民主主義を尊重するということは、民衆が法をつくることの権利（正しさ）を——ソクラテスに言わせればたとえその法が悪法であっても——承認することなのです。

したがってウォルツァーは、共同体内部で得られる知識の方を重視して、次のように述べています。

内部で手にしうるのは、別種の知識である。それはより限定された、より特殊な性質の知識であり、私は、それを、哲学的知識というよりも政治的知識と呼びたい。それは次のような問いに答える。このアソシエーションの意味や目的は何か。われわれの共同体や統治にとって適切な構造とは何か。これらの問いに対する正しい答えがかりにある（かりに一般的な問いには正しい答えがあるとしても、特殊な問いに正しい答えがあるかどうかは疑わしい）と想定する場合も、共同体の数だけ多くの正しい答えがあるというのが本当である。しかし、共同体の外部には、唯一の正しい答えがある。太陽はただ一つしかないが多くの洞窟があるように、哲学的知識は普遍主義的で単一であるのに対して政治的知識には特殊で多元主義的な性格がある。（同前、傍点は原訳書）

ウォルツァーは、哲学的知識と政治的知識のあいだの緊張関係を、哲学者が共同体から完全には離脱していないことに着目して、解決しようとしました。現代社会の哲学者の多くは、それぞれの政治共同体で市民生活もおくっています。その俗世間からの離脱は、あるとしても思弁的なものに過ぎません。件《くだん》のソクラテスもプラトンも、仲間の市民たちとポリスに生きていたのです。

現代の民主主義社会においては、哲学者は一人の意見提供者に過ぎません。しかし、民主主義に全幅の信頼をおくことができないことをもってすれば、哲学者の責任は重大です。ソクラテスが憂慮したような、単なる「多数者の通念」の流布が甚だしい現況や、なにより〈正しさ〉に関する合意が難しくなっている事態を踏まえるならば、社会に生きる哲学者への期待は高まります。

以下では第一章から第六章にかけて、現代社会を生きる哲学者の「贈り物」である現代正義論を紹介し、検討します。それらを踏まえて終章で哲学と民主主義の問題を再び取り上げ、これからの世界へ向けて私たちのとるべきスタンスを示したいと思います。

第一章　「公正としての正義」

——リベラリズム

〈自由と権利とを要求することは正当である〉および〈社会全体の福祉の集計量が増えることは望ましい〉、この二つを原理上〔別種〕のことがらとして区別し、かつ前者の主張に（無条件の重要性を付与するところまではいかなくても）一定の優先権を認める——このことは、多くの哲学者たちに支持されてきたし、常識が抱く確信によっても裏づけられてきたように思われる。社会のすべての構成員は正義もしくは（ある言い回しを借りれば）〈自然権〉に基づいた不可侵なるものを有しており、他の全関係者の福祉〔の実現という口実〕を持ち出したとしても、これを蹂躙することはできないと考えられている。（ロールズ『正義論』）

現代正義論は、アメリカの哲学者ジョン・ロールズ（一九二一―二〇〇二）の『正義論』から出発します。ロールズは一九六〇年代に公民権運動を経験するなかで、社会のすべての人びとの自由と権利のために、〈公正としての正義〉と称される正義を構想しました。この思想的立場は「リベラリズム」と呼ばれ、「福祉国家の哲学的基礎」としての地位を確立しました。本章では、ロールズの正義論を詳しく紹介しながら、それがその後の正義論をどのように規定したのかに迫ります。

1　ロールズ『正義論』の背景――「私には夢がある」

哲学者ジョン・ロールズ

『正義論』は一九七一年、当時ロールズが所属していたハーバード大学の出版局から刊行されました。原題は *A Theory of Justice*。冠詞が定冠詞の the ではなく不定冠詞の a となっているため、直訳すれば『ある正義の理論』です。自分が提示する正義論はあくまでも、複数ありうる正義の構想のひとつに過ぎないという、ロールズの謙虚さが感じられるタイトルとなっています。

著者のロールズは、ジョン・ボードリー・ロールズとして一九二一年二月二一日、メリーランド州のボルチモアで生まれました。ロールズの弟子であり友人でもあった政治哲学者サミュエル・フリーマンによれば、ロールズの父親はノースカロライナ州出身。ボルチモアに来て一四歳から働き、独学で弁護士資格を取った地元の名士ウィリアム・リー・ロールズ。母親はボルチモアの旧家出身で、ボルチモアの女性有権者の会の会長を務めたこともあるアンナ・エーベル・スタンプ・ロールズ。経済的に裕福で、社会正義に関心を寄せる家庭でした。ロールズは他の兄弟と同様、私立の小学校に通い、父親の仕事（ボルチモア市教育委員会委員長）の関係で中学の二年間を公立学校で過ごした後、コネチカット州にある私立の米国聖公会系の男子高に通いました。五人兄弟の二番目として生まれましたが、七歳のときにジフテリアに羅患《りかん》し、ロールズ経由で感染した弟を一人喪《うしな》います。八歳のときには肺炎に罹《かか》り、このときもロールズから感染した別の弟を喪っています。

ロールズ

大学はプリンストン大学に進学します。当初は化学や数学や芸術など、主専攻（メジャー）選びで悩んだものの、最終的に哲学に落ち着きました。父親や兄弟と同じ法律の道を選ばなかったのは、自身の吃音《きつおん》を考慮してのことでした。時代は第二次世界大戦の最中《さなか》。ロールズは大学を繰り上げ卒業後すぐに陸軍に入隊し、歩兵連隊の一員（通信士）としてニューギニアから北上してフィリピンのレイテ島やルソン島で日本軍と戦います。一九四五年の八月の終戦時には、山下奉文《やましたともゆき》大将をジャングルから連れ出す任務に志願し、参加しています。九月にはGHQの一員として来日し、原子爆弾投下後の広島を列車で通過しました。

一九四六年の一月に陸軍を除隊となったロールズは、プリンストン大学の大学院で哲学の研究を再開し、道徳哲学に関するテーマで博士論文を書き上げました。プリンストン大学で講師として二年勤めた後、フルブライト奨学金を受けてイギリスのオックスフォード大学に一年間留学します。このとき、法哲学者のH・L・A・ハートや政治思想家のアイザイア・バーリンらの薫陶を受けました。帰国後はコーネル大学、マサチューセッツ工科大学（MIT）を経て、一九六二年から一九九一年までの約三〇年間ハーバード大学の哲学部に勤務します。フリーマン曰く、ロールズは「ハーバード大学の哲学部の最も優れた時代」を築いたのです。

退職後もロールズは、心臓の発作に見舞われるようになった一九九五年まで、ハーバード大学で政治哲学の講義を非常勤で担当しました。一九九九年には、人文系の諸学問の発展に寄与した功績を讃《たた》えられ、名誉あるナショナル・ヒューマニティーズ・メダル（全米人文学勲章）を、当時のビル・クリントン大統領から授与されています。二〇〇二年一一月二四日、享年八一歳で他界。二八歳のときに結婚した同郷のマーガレット・ウォーフィールド・フォックスとの間に四人の子どもをもうけ、穏やかな家庭生活と歴史に名を残す偉業をなしとげた生涯でした。

『正義論』のインパクト

刊行の一年後、『正義論』はファイ・ベータ・カッパ・ラルフ・ウォルドー・エマソン賞を受賞しました。ファイ・ベータ・カッパは全米大学の成績優秀者が招待される名誉ある友愛会。ラルフ・ウォルドー・エマソンはマサチューセッツ州出身の牧師で、「自己信頼」をキーワードとする個人主義を主張した一九世紀の思想家です。この賞は、アメリカ国内で出版された歴史、哲学、宗教の優れた研究書に対して与えられています。そして徐々に、俗に言う「ロールズ産業」が形成されてゆきます。『正義論』が授業で取り上げられ、それに関する論文や著作が発表され、研究会やシンポジウムが開催される——アカデミズムにおける一大産業が成立したのです。

その勢いは英語圏に留《とど》まるものではありませんでした。一九七一年のオリジナル版にかなりの改訂を加えたドイツ語版が出版されました（一九七六年）。このドイツ語版のための改訂を踏まえたテクストの翻訳はその後、日本語を含む二七ヵ国語にも及んでいます。

こうした外国語版用の改訂を踏まえた英語の改訂版が出版されたのは、一九九九年になってからのことでした。この改訂版への序文に、「これまでのところ外国語版のほうが英語初版より優れていた」とありますので、ロールズの誠実な人柄を考慮すると、改訂版の出版に時間がかかったことが不思議に思われます。オリジナル版を尊重する気持ちが強かったのでしょうか。他の仕事が忙しすぎて後回しになってしまったのでしょうか。あるいはその慎重さゆえ時間がかかったのでしょうか。今となってはロールズにその真意を尋ねることはできません。ともかく、すでに相当数の優れたロールズ研究がオリジナル版にもとづいて蓄積されていることもあって、改訂版の刊行後も、英語圏ではオリジナル版が参照されることが多くなっています。

このように、国境を越える巨大なインパクトを学界と社会に与えた『正義論』。この背景には、ロールズのもとで学び、世界的な活躍をするようになった研究者の存在があります。本書にこれから登場する人物で言えば、トマス・ネーゲルといったアメリカ国籍の研究者はもとより、イギリス出身で後にイギリスの貴族院議員を務めるようにもなったオノラ・オニールや、ドイツ出身でグローバル正義論の第一人者となったトマス・ポッゲなどがいます。何らかのかたちでロールズの指導や薫陶を受けた研究者を含めるならば、マーサ・ヌスバウムをはじめとして、枚挙に暇《いとま》がありません。

『正義論』の時代的背景

『正義論』は大部で綿密な本ですから、一朝一夕ではとうてい書き上げられるものではありません。また、ロールズは哲学者であると同時にアメリカ合衆国の市民でした。ロールズが『正義論』の執筆を進めた一九六〇年代や、多感な幼少・青年期を過ごしたアメリカ社会の状況は、どのようなものだったのでしょうか。

まず、人種差別と公民権運動がありました。当時からおよそ一〇〇年前の一八六三年、ロールズが敬愛してやまないリンカーン大統領が奴隷解放宣言を行い、その後の数年間で合衆国憲法修正第一三条により奴隷制の廃止、第一四条により法による公民権の平等な保護、第一五条により黒人の参政権が定められました。にもかかわらず、「ジム・クロウ法」という総称で知られる有色人種の公共施設利用を制限する法律が「分離すれども平等」という名目で南部各州に残存していました。公共の学校、交通機関、公園などが有色人用と白人用に分けられていただけではなく、あからさまなヘイトが社会に蔓延《まんえん》しており、有色人種を抑圧し続けていました。

ロールズが「最高のゲーム」として愛した野球においても人種差別はありました。一九四七年、黒人で初めてメジャーリーガーとなったジャッキー・ロビンソンに対する暴言・妨害、そして差別は酷《ひど》いものでした。遠征するにも飛行機に乗れないことがあり、またホテルへの宿泊を断られることもありました。ロビンソンの半生を描いた映画『42 世界を変えた男』（二〇一三年）のなかに、ある試合の観客席にいる白人の子どもが、父親や周囲の観客がロビンソンに向かって「ニガー」と屈辱的な野次を飛ばす事態に直面し、驚き、躊躇《ちゅうちょ》しつつも、ついには「ニガー」と叫んでしまうシーンがあります。二〇一七年八月、アメリカのバージニア州シャーロッツビルで発生した人種差別事件を受けて、オバマ大統領は「誰かの肌の色や生い立ちや宗教を理由に、その人を憎みながら生まれてくる人はいない」というネルソン・マンデラの言葉を引用したツイートを（印象的な写真付きで）発信しました。人は誰かを憎むことを学ぶのだということを、『42』のこのシーンはよく示しています。

しかし、「分離すれども平等」という名目は次第に通用しなくなり、一九五四年には、カンザス州の公立学校における人種分離政策が、連邦最高裁判所によって違憲とされました。黒人であるという理由で自宅から遠い学校に通わねばならなかった小学生リンダ・ブラウンの父親が原告となってはじまった「ブラウン対教育委員会裁判」の判決です。一九五五年には、アラバマ州のモンゴメリ市で、市営バスの白人優先席に座り続けたローザ・パークスが逮捕されたことを受けて、バスのボイコット運動が始まりました。これによってモンゴメリ市の市営バス事業は赤字となり、連邦最高裁判所もモンゴメリ市の人種分離政策を違憲としたのです。

オバマ大統領のツイート（2017年８月12日）

このボイコット運動を率いたのが、ロールズが敬愛してやまないもう一人の人物、キング牧師です。プロテスタントのバプテスト派の牧師の家庭に生まれたキング牧師は、ボストン大学で神学の博士号を取得中にモンゴメリ市のバプテスト教会に牧師として派遣され、その最中にバスのボイコット運動を起こしました。全米各地での公民権運動に影響を与えるようになったキング牧師は、アラバマ州のバーミングハム市での非暴力主義の抗議活動中に投獄されたこともあります。一九六三年にはリンカーン大統領の奴隷解放宣言一〇〇周年を記念して、首都ワシントンD.C.で参加者二〇万人を超える大行進を行い、リンカーン記念堂の前で「アイ・ハブ・ア・ドリーム」というフレーズで有名な演説を行いました。

私には夢があります。いつの日か、ジョージア州の赤土の丘で、かつての奴隷の子どもたちと、かつての奴隷所有者の子どもたちが、兄弟愛という名のテーブルに、一緒につくことができるようになるという夢が。……私には夢があります。いつの日か、私の四人の小さい子どもたちが、肌の色によってではなく、そのひととなりによって評価される国に住むようになるという夢が。

キング牧師はこの演説のなかで、後世に受け継がれる夢を語りました。この運動の効果は絶大でした。翌年の一九六四年七月、民主党のリンドン・ジョンソン大統領は、人種差別を禁ずる公民権法の制定によってジム・クロウ法を撤廃したのです。しかし、キング牧師はその四年後の一九六八年四月四日に、テネシー州のメンフィスで暗殺されてしまいました。

一九二一年生まれのロールズは、こうした時代背景のなかで『正義論』を準備しました。自分よりも八歳も年下のキング牧師が、子どもたちが肌の色で評価されることのない社会の到来を希求し闘っている姿を、どんな思いで見ていたのでしょうか。

ロールズの教室

ロールズはハーバード大学に在職中、「近代政治哲学」と「道徳哲学史講義」という講義を担当していました。欧米の研究者のなかには専門分野を「道徳・政治哲学」としている人が結構いますが、ロールズの専門分野もまさに「道徳・政治哲学」だと言えます。

「近代政治哲学」の方は、その講義録がロールズの死後、サミュエル・フリーマンによって編集され、『政治哲学史講義』として刊行されています。ホッブズ、ロック、ヒューム、ルソーに加えて、ミルとマルクス、さらにはシジウィック、そしてバトラーという八人の哲学者の思想について論じられています。ジョゼフ・バトラー（一六九二―一七五二）はオックスフォード大学を卒業後、国教徒として教会の職につき、最終的に司教となった人物です。ロールズはバトラーを道徳哲学者として取り上げ、論敵たち（唯物論者、決定論者、利己主義という意味でのホッブズ主義者、当時のイギリスの理神論者）に対する彼の議論を考察していま す。開講年によって、バーリンやハート、そしてカントについて講義したこともあったそうです。

「道徳哲学史講義」の方は、その講義録がロールズの存命中に、バーバラ・ハーマンによって編集され、『道徳哲学講義』（邦訳書のタイトルは『哲学史講義』）として刊行されています。

こちらではカントを中心にヒューム、ライプニッツ、ヘーゲルを取り上げているのですが、ヒュームに大幅な紙幅を割《さ》いています。

しかし、『正義論』を書き終えた後のロールズの研究関心は、道徳心理学に向かっていたようです。フリーマンによると、ロールズは一九九〇年のインタヴューで次のように述べています。「『正義論』で一番気に入っていた箇所、つまり道徳心理学について述べた第三部に主に関連する研究をしようと計画していたが、そうすることはついにかなわなかった」。なぜでしょうか。第一部で提示した正義原理に、ロールズ産業の関心が集中したからです。

ロールズの正義原理は次節で詳しく見てゆきますので、ここで『正義論』の第三部の話を少ししましょう。『正義論』は三部に分かれていて、第一部が「理論」、第二部が「諸制度」、第三部が「諸目的」となっています。第三部は、正義原理が適用された諸制度のなかで生きる人間の道徳性について説いているので、道徳心理学の分野にかなり接近しています。ロールズがそこで参考にしているのは、人間の道徳性の発達を段階的に捉えたスイスの心理学者ジャン・ピアジェの後継者、ローレンス・コールバーグ（一九二七―一九八七）の説です。

コールバーグは子どもを対象にした実験（架空の道徳的な葛藤場面を提示して、それについての考えを聞き取り調査をするなど）を通じて、道徳性の発達は年齢の上昇とともに六段階的に上昇するという説を唱えました。罰と服従志向の第一段階と道具主義的相対主義者志向の第二段階（慣習以前のレベル）、対人関係の調和あるいは「良い子」志向の第三段階と「法と秩序」志向の第四段階（慣習的レベル）、社会契約的遵法主義志向の第五段階と普遍的な倫理的原理志向の第六段階（慣習以後の自律的、原理的レベル）です。この最高次の第六段階の原理は、「抽象的かつ倫理的であり（黄金律、定言命法）、十戒のような具体的道徳律ではない。もともとこれらの原理は、人間の権利の相互性と平等性、一人ひとりの人間の尊厳性の尊重など、正義の普遍的諸原理である」（コールバーグ『道徳性の発達と道徳教育』）とされています。これはカント主義的な原理です。

ロールズ自身は主に「正義感覚」がどう育まれてゆくかについて、次の三つの道徳発達段階を考えています。家庭における道徳性（「権威の道徳性」）の発達、社会における道徳性（「連合体の道徳性」）の発達、そして〈正しく行為する、並びに正義にかなった制度を推進するという考え方〉を持つに至った段階の道徳性（「原理の道徳性」）の発達です。次節で紹介するロールズの正義原理を充《み》たした社会のメンバーは、この第三段階に至ることが想定されています。

2　正義原理と「無知のヴェール」

功利主義批判

正義とは何か――現代正義論の出発点となったロールズ正義論の答えは、実は本章のエピグラフにあります。ロールズの考える正しい社会では、社会全体の福祉の増大よりも、個人の自由と権利が一定の優先権を持ちます。そのためロールズには、功利主義を批判する必要がありました。

功利主義は、一八世紀から一九世紀にかけてベンサムとミルによって体系化された思想で、快楽の増大と苦痛の減少の追求を、人間本性に照らして善と見なします。そしてこの基準に則《のっと》った個人の行為や社会の制度を正しいものとします。「最大多数の最大幸福」という言葉で有名な、個人の自由と権利よりも社会全体の福祉の集計量の増大を優先する考え方です。一九世紀後半にシジウィックに受け継がれた功利主義はその後、経済学のなかで影響力を維持し続けていました。そのなかでロールズは「ベンサムやシジウィックおよびエッジワースやピグーといった功利主義の経済学者たちの見解」、つまり古典的な功利主義に照準を合わせて、その弱点――個人の不可侵なるものの蹂躙《じゅうりん》――を克服する正義構想を打ち立てようとしたのです。

正義の二原理

個人の自由と権利の保障を命題とするロールズ正義論ですが、正義原理のかかる対象は社会的諸制度としました。ロールズの用語では社会の「基礎構造」です。これは、法制度、政治制度、市場制度、所有制度、家族制度といった社会的諸制度の集合体のことです。たとえば日本では、憲法とその枠内で定められた各種法律があり、立憲民主制のもと普通選挙が行われており、自由市場で生産・取引の量と価格が決まり、身のまわりの品から土地・工場といったものまで私的に所有することができ、一夫一妻制がとられています。こうした制度は集合的に人びとの人生の見通しに大きな影響力を及ぼします。社会の秩序は人為的なものであり、人びとが偶発性に身を任せる必然性はないという信念を持つロールズにとって、社会の基礎構造こそが、正義原理のかかる対象つまり正義の主題なのです。

そしてこの基礎構造において〈正義にかなった社会に関する原理〉が充たされている場合に、社会は正しい状態にあることになります。それはどのような原理でしょうか。ロールズは次のように定式化しています。

第一原理　各人は、平等な基本的諸自由の最も広範な全システムに対する対等な権利を保持すべきである。ただし最も広範な全システムといっても〔無制限なものではなく〕すべての人の自由の同様〔に広範〕な体系と両立可能なものでなければならない。

第二原理　社会的・経済的不平等は、次の二条件を充たすように編成されなければならない。

（a）そうした不平等が、正義にかなった貯蓄原理と首尾一貫しつつ、最も不遇な人びとの最大の便益に資するように。

（b）公正な機会均等の諸条件のもとで、全員に開かれている職務と地位に付帯する〔ものだけに不平等がとどまる〕ように。

これらの文言を一読して「？？？」となっても大丈夫です。これから具体的に説明していきます。

この二つの原理は「正義の二原理」と呼ばれています。そして第一原理で「基本的諸自由の平等」を、第二原理で「できる限りの社会的・経済的な平等」を、それぞれ要求しています。

第一原理がカバーする「基本的諸自由」には以下が含まれます。

・政治的な自由（投票権や公職就任権）
・言論および集会の自由
・良心の自由
・思想の自由
・人身の自由（心理的抑圧および身体への暴行・損傷からの自由を含む）
・個人的財産＝動産を保有する権利
・（法の支配の概念が規定する）恣意的な逮捕・押収からの自由

これらは現代の自由民主主義国では馴染《なじ》みのある諸自由です（ここでロールズは権利を含めたリストを基本的諸自由のリストとしていますので、本書でもそれにならいます）。

第一原理はこうした基本的諸自由が「平等」であることを要求しています。つまり、誰かの基本的諸自由の種類が多いとか少ないとかいうことがあってはならない、ということです。たとえば肌の色に応じて基本的諸自由の数が違うのは認められません。また、誰かの基本的諸自由の幅が広いとか狭いとかいうこともあってはならない、ということも含意されています。たとえば選挙の際に性別に応じて投じてよい票の数が異なるのも認められません。

また、「最も広範な全システム」というのは、〈自由は自由のために制限される〉場合があることを示唆しています。たとえばある人の「言論の自由」が、誰かの「人身の自由」を守るために、制限される場合があります。ヘイトスピーチのケースがそうです。人身の自由のために言論の自由が縮減されるというように、トータルな調整が行われるのです。ただし、縮減される自由の幅は最小限でなければなりません。後年のロールズの用語を用いるならば、諸自由の「中心域」は何としても守られなければならないのです。このようにしてさまざまな自由が最小限に縮減されつつ他のさまざまな自由とのバランスを保っている状態が「最も広範な全システム」となります。社会のメンバー全員がこのシステムへの対等な権利を有しているのです。

第二原理の（a）と（b）は、それぞれ「格差原理」と「公正な機会均等の原理」と呼ばれています。

「格差原理」は、社会的・経済的な不平等が「最も不遇な人びと」の最大の便益に資するものであることを要求します。逆に言えば最も不遇な人びとの最大の便益に資さない社会的・経済的な不平等は認められないのです。最も不遇な人びととは、生い立ちや才能、そして運に恵まれていない人びとのことです。より具体的には、「社会が意のままに配置しうる主要な基本財」であるところの「権利、自由、機会および所得と富」に関する予期において最も不遇な人びとのことであり、さらに言えば「所得の予期が最も低い人びと」のことです（ただし、ロールズは場合によって「自己肯定感の社会的基盤」なるものを「基本財」に含めることがあるため、厳密にはもう少し込みいった説明になっています)。

このように格差原理は、どうしても生じてしまう社会的・経済的な格差を最も不遇な人びとのために有効活用しようという理念を有していますが、社会的・経済的な格差をゼロにしようとはしていません。たとえばトップレベルのプロ野球選手と市井の人びとのあいだには、相当な所得格差がありますが、その格差が巡り巡って最も不遇な人びとのためになるならば、その格差は認められるのです。

ただし「最大の便益」とありますから、厳密に解釈するならば、「ちょっとした便益」しかもたらさない不平等は認められないことになります。『正義論』でロールズは、(後述する思考実験から導出される)正義の二原理の妥当性を、合理的選択理論のマキシミン原理(不確実な状況下で複数の選択肢の最悪の結果を比較し、最悪の結果が最もましな選択肢を選ぶという戦略)で説明しようとしたため、この「最大の便益」という言葉を用いたのだと思われます。

ところで、「正義に適《かな》った貯蓄の原理」は世代間正義のことです。後世代の人びととの便益も考慮して、現在のソーシャル・ミニマム(社会的最低限)の水準を調整することを要求します。現世代が年金資源を食いつぶしてしまったり、天然資源を枯渇させてしまったりしては、後世代の人びとに対して不正を働くことになります。このようにロールズは、社会的最低限の生活保障という考えを否定しておらず、実際にも、「ひとたび格差原理が受け入れられると、ミニマムは（賃金を考慮に入れて）最も不遇な集団の予期を最大化する水準に設定されることになる」と述べています。次の世代に配慮したうえでのソーシャル・ミニマム――ナショナル・ミニマムとは呼ばれていません――の保障という理念を受け入れているのです。

では「公正な機会均等の原理」はどうでしょうか。こちらは、才能とやる気があるにもかかわらず、肌の色や性別あるいは家柄などによって特定の職務や地位につけない人がいない場合に限り、その職務と地位に付帯する社会的・経済的不平等は認められるというものです。これについてロールズは後年、「公正な」の箇所を補足説明するかのように、次のように説明しています。

　人々の間で生まれつきの諸々の才能がどのように分布しているかに関してある状態が存在すると想定した場合、才能と能力に関し同一水準で、しかも、それらの天賦の才を利用しようという意欲の点でも同一である人々には、出身階層、つまり自分が生まれ、分別のある大人になるまですごした社会階層のいかんにかかわらず、同一の成功の見込みが与えられてしかるべきだということ。同様の才能とやる気をもっている人には、社会のどの部分に属そうと、その育成とその結果についてほぼ同一の見込みが与えられるべきだということである。（ロールズ『公正としての正義 再説』）

日本国憲法は第一四条で、「すべて国民は、法の下に平等であって、人種、信条、性別、社会的身分又は門地により、政治的、経済的又は社会的関係において、差別されない」と定めています。一見すると日本社会には公正な機会均等がありそうですが、形式的・表層的なものにとどまっているのが実情です。たとえば高等教育や安定した職への機会の不平等があります。ロールズは『正義論』で教育機会の平等化について触れていますが、日本でもその必要性があることは、自治体による塾代の補助制度や民間の「子ども食堂」の存在などからしても明らかです。したがって、公正な機会均等の諸条件が整っていないなかでは、正義の見地から職務と地位に付帯する社会的・経済的不平等として認められるケースは、それほど多くはなさそうです。

このように、第一原理は社会の全メンバーに基本的諸自由を保障することを要求し、第二原理は認められない社会的・経済的な不平等を定めています。これらは、人びとが対等な間柄で他者とともに生きること、つまりロールズの用語で言えば「対等な市民としての暮らし」を営むための、第一義的な条件なのです。

社会的協働

しかしなぜ、「所得の予期が最も低い人びと」を放置しておくことは、正義の見地から認められないのでしょうか。これは、ロールズの「社会的協働」論から説明できます。まず、ロールズによる社会の定義を確認しておきます。

> 社会とは〈相互の相対的利益（ましな暮らし向き）を目指す、協働の冒険的企て〉(a cooperative venture for mutual advantage) なのだけれども、そこには利害の一致だけではなく衝突も顕著に見られるのが通例である。社会的な協働によって、各人が独力でひとり暮らしを続けるのと比べて、ましな生活が可能となるがゆえに、利害の一致が成立する。
> （ロールズ『正義論』）

所得をもたらす活動は社会のなかで行われています。どの活動により大きな金銭的価値があるのかを定めているのも社会です。トップレベルのプロ野球選手の所得が高いのも、その活動に価値を見出《みいだ》し、チケットやグッズの購入を通じてその活動を支えている市井の人びとがいるからです。どんなに才能と意欲があっても、プロ野球がビジネスとして成立していない社会で暮らす野球選手は、そこにいる限り高所得を見込めないのです。

このようにして〈協働の冒険的企て〉である社会には、偶発性にもとづく有利性・不利性と、それらがもたらす利害の衝突が付きものです。ロールズ正義論は、この社会的協働の正義を目指しているのです。

アリストテレスの分配的正義論との相違

では、正義の二原理が基礎構造に適用された社会の姿は、どのようなものでしょうか。繰り返しになりますが、ロールズは正義の主題を社会的諸制度としています。基礎構造は「基本的な権利と義務を分配し、社会的協働が生みだした相対的利益の分割を決定する方式」です。これが正義の二原理に従って編成されると、諸制度を通じて平等な基本的諸自由と社会的最低限の生活（ソーシャル・ミニマム）が各人に保障されることになります。言い換えると、第一原理に従って平等な基本的諸自由が各人に分配され、第二原理に従って基本財が各人に分配されるということです。ロールズ正義論が「分配的正義」論と称される際、所得の再分配を示唆する格差原理が取り上げられることがほとんどですが、実はロールズ正義論は社会的協働の産物としての基本的諸自由の分配も論じているということにも、ぜひ留意してください。

このようにロールズ正義論は、各人の功績の有無にかかわらず、社会的諸価値（基本的諸自由と基本財）を社会の全メンバーへ分配することを要求します。これは、アリストテレスの説く分配的正義と異なります。

古代ギリシアの哲学者アリストテレス（前三八四―前三二二）は、『ニコマコス倫理学』のなかで、ポリスにおける正義を二種類に区別しています。一つは〈各人に対して各人の諸価値（真価）に比例したポリスの名誉や財産を分配すること〉を意味する分配的正義。これは比例関係にもとづくため、比例的正義とも呼ばれます。当時のポリスでは、市民階級の男性は政治の役職につくことができましたが、女性や奴隷はそうではありませんでした。他のポリスや文化圏との戦争を勝利に導いた武将の多くは戦利品を受け取ったり、立派なお墓に埋葬されたりしましたが、ヒラの重装歩兵はそうではありませんでした。ポリスの名誉や財産、とくに政治的地位は、各人の地位や功績といった諸価値（真価）に比例したかたちで分配されることが正しいとされたのです。

もう一つは〈各人にほんらいあるべき名誉や財産の回復〉を意味する是正的正義（矯正的正義）です。アリストテレスは、この是正的正義には「自発的なもの」と「非自発的なもの」があるとしています。自発的な是正的正義の対象は、「たとえば販売、購入、貸与、担保入れ、融資、委託、賃貸など」。非自発的な是正的正義の対象には、「窃盗、姦通《かんつう》、毒物使用、売春斡旋《あっせん》、奴隷誘拐、暗殺、偽証のような密《ひそ》かに行われるものと、暴行、監禁、殺害、強盗、傷害、中傷、虐待のような暴力的なもの」が含まれるとされています。この是正的正義の構想は、今日の日本の民法で言うところの「原状回復義務」や、刑法学で言うところの「応報刑主義」に通じていると言えるでしょう。

ただしこの刑罰的な意味合いでの正義、つまり〈罪を犯した当事者に相応の罰を与える〉という意味合いでの正義は、すでに紀元前一八世紀の古バビロニア王国のハンムラビ王が制定したハンムラビ法典に見出せます。「目には目を、歯には歯を」という是正的正義の要求は、一見厳しいように思われるかもしれませんが、行き過ぎた仕返しを防いでいるとも言えるのです。

リベラルな分配的正義

アリストテレスの分配的正義論がそうであるように、歴史上、分配的正義はかならずしも、貧者（マイノリティ）の福利を達成しようとする理念ではありませんでした。『分配的正義の歴史』を著したサミュエル・フライシャッカー（一九六一―）によれば、〈すべての人の基本的ニーズは満たされるべきだ〉という規範は、一八世紀に確立したものです。イギリス発の産業革命によりヨーロッパに資本主義が浸透すると、劣悪な労働条件や低所得によって貧民が急増しました。従前のヨーロッパでは、貧民はキリスト教会による救済の対象でしたが、ドイツのマルティン・ルター（一四八三―一五四六）やフランスのジャン・カルヴァン（一五〇九―一五六四）らによる宗教改革を通じてプロテスタントの勤労倫理が流布するにつれ、教会による救済は減少してゆきました。それを受けてイギリスでは一六〇一年のエリザベス救貧法をはじめ、救貧法の改正が重ねられたのです。フライシャッカーは、一八世紀のルソー、スミス、カント、そしてフランソワ・ノエル・バブーフ（一七六〇―一七九七）といった思想家たちによって、国家による社会的最低限の暮らしの保障が、分配的正義として政治的に論じられるようになったと述べています。

したがってロールズの正義論は、アメリカの民主党政権の政策に親和的でリベラルなものであると同時に、ヨーロッパでは社会民主主義と呼ばれる社会主義系の思想の系譜上にもあるのです。

ただし、ロールズは社会主義とは一線を画していました。正義の二原理には優先順位があり、第一原理は第二原理に、第二原理のうち公正な機会の平等原理は格差原理に、それぞれ優先するとされています。このことは、個人の基本的諸自由は最も不遇な人びととの便益のためであっても決して制限されないということを示しています。〈自由は自由のためだけに制限される〉のです。

これに対して、かつてロールズに薫陶を授けたH・L・A・ハートは、一九七三年に発表された論文「自由とその優先性についてのロールズの考え方」で、ロールズが主張する自由の優先権を批判しました。ロールズの議論では、第一原理が第二原理に優先する理由が明らかではないと言うのです。これを受けてロールズは、一九九三年の著作『政治的リベラリズム』（*Political Liberalism*）のなかで、第一原理の優先権の意味を明確にしようとしました。その意味とは、基本的諸自由が「正義もしくは（ある言い回しを借りれば）〈自然権〉に基づいた不可侵なるもの」だということです。たとえば良心の自由について、ロールズは次のように述べています。

なぜ良心の自由が基本的な自由であり、またそのような自由の優先権が保持されるのかは、明らかである。宗教的、哲学的、あるいは道徳的な見解の構成要素に関する理解に鑑《かんが》みて、正義の第二原理によってカバーされる種類の考慮事項は、この自由の〈中心域〉を制限するものとしては示せない。もし誰かが、良心の自由が基本的自由であることを否定し、かつすべての人間の利害関係が約分可能であると主張したならば、またある二つの自由のあいだには、ひとつの自由の保護ともうひとつの自由の保護との釣り合わせを合理的なものとするなんらかの交換率が常に存在すると主張したならば、私たち

は袋小路に到達したことになる。(Rawls, *Political Liberalism*)

ロールズにとって一定の自由と権利すなわち基本的諸自由は、社会的協働の産物であると同時に、侵すことのできない自然権のようなものなのです。ロールズは、この〈不可侵なるもの〉のために、社会的・経済的な不平等を是正する必要があると説いています。

経済的・社会的システムにおける不平等は、幸運な歴史的条件のもとでは存在していたかもしれない政治的平等を、どんなものであれすぐに弱体化してしまうだろう。普通選挙権をもってしても政治的不平等の埋め合わせとしてはじゅうぶんではない。なぜなら、政党と選挙が公的資金ではなく私的な寄付によって賄われる場合には、政治のフォーラム(広場)は有力な利害関心の願いごとによって制約され、正義にかなった憲法上のルールを確立するために必要な基本的な法案が適切に提出されることはめったに起こらないからである。(ロールズ『正義論』)

社会的・経済的な不平等は、政治的な平等を妨げます。立候補するにも時間と金がかかり、議会に声を届けるにも時間と金がかかる時代において、そうした財を負担できる人びととそうでない人びととの格差が拡《ひろ》がるにつれ、「対等な市民としての暮らし」は掘り崩されていきます。これについてもう少しロールズに語ってもらいましょう。

多額の私的な財力を持つ人びとが公共的議論の方向を支配するために自分たちの相対的利益を利用しうるときにはいつでも、参加原理によって保護されている複数の自由の価値が大いに失われる。それというのも、そうした不平等はやがて、より良好な状況にある人びとが立法の展開に多大な影響を及ぼすことを可能とするからである。ついには彼らは社会問題の設定において、少なくとも彼らが通常は合意することがら、すなわち彼らの恵まれた情況を支持するものごとに関して、圧倒的な影響力を手にすることになるだろう。（ロールズ『正義論』）

そのような事態を防止するための措置としてロールズが例示しているもののひとつが、政党が私的な要求あるいは優遇された利益集団の要求から独立に意思決定できるようにするための、税収から交付される政党助成金です。政党と選挙が私的な寄付ではなく公的資金によって賄《まかな》われるならば、大企業や潤沢な資金をもつロビー団体に有利な法の制定は防げると考えられたのです。

ロールズの思考実験

正義とは社会の全メンバーに対する「対等な市民としての暮らし」の保障である――これまで見てきたように、こうロールズは考えました。そこで本節の最後に、ロールズ正義論の根拠を確認しておきます。『正義論』は信仰の書ではないので、それが示す原理（正義の二原理）が人びとに対して説得力のある仕方で示されているかどうかを検討する必要があります。

ロールズが用いたのは、社会契約説と、「反照的均衡」と称される倫理学的方法です。社会契約説は一七世紀から一八世紀にかけてヨーロッパの思想家が唱えたものです。人間がおかれた「自然状態」（国家がない状態）を想定して、その自然状態の悲惨さや危うさから抜け出そうとする人びとが合意（契約）によって「国家状態」に入り統治機構を作るというストーリーによって、国家の存在が正当化されました。しかしロールズの場合、「本書の達成目標は、ロック、ルソー、カントに見られるような、社会契約というよく知られた理論を一般化しかつ抽象度を一段と高めた、正義の構想のひとつを提出することに向けられている」というように、そもそも正義原理の導出を目的としており、また、通常は社会契約説を唱えた人物と見なされているホッブズを、敬うべき契約説の伝統から外しています。

なぜでしょうか。ホッブズの『リヴァイアサン』（一六五一年）の口絵は、よく見ると星の数ほどの個人が、リヴァイアサン（『旧約聖書』に登場する海の怪物）に擬《なぞら》えられた政治体（宗教的権力と軍事的権力の担い手）のパーツとして描かれていて少し度肝を抜かれますが、この

『リヴァイアサン』初版口絵

契約説のなんたるかをよく示してくれています。ホッブズの理路では、諸個人が相互に自らの自然権（自己保存の権利、自己保存に必要な手段への権利、その手段の適合性を判定する権利）を代理人である主権者に委譲する契約を交わします。つまり、諸個人と主権者の間に直接的な契約がないにもかかわらず、諸個人は主権者の絶対的支配を認めざるをえないことになります。そのため、自己保存のための契約によって自己保存が脅かされるという矛盾が生じてしまうのです。

さてロールズによれば、

本書を導く理念によれば、社会の基礎構造に関わる正義の諸原理こそが原初的な合意の対象となる。それらは、自分自身の利益を増進しようと努めている自由で合理的な諸個人が平等な初期状態において（自分たちの連合体の根本条項を規定するものとして）受諾すると考えられる原理である。（ロールズ『正義論』）

ロールズは、一定の自由と権利を言わば自然権として有する諸個人を主体として、思考実験を行います。そこでは自由で合理的とされる諸個人が、自己利益の増進のために、社会の基礎構造を統制する正義の二原理に合意する運びとなるのです。

公正としての正義

正義原理を導出するための純粋に仮説的な初期選択状況として想定されるのが「原初状態」です。まだ何も決めていないという意味でのオリジナル・ポジションに、自由で合理的で自己利益の増進に関心があるけれども、自分たちの社会の基本的なルール（正義原理）を決めようと集った人びとがついていると想定されます。彼らはそうしたルールに合意（契約）することになるという意味で「契約当事者」と呼ばれます。また、彼らは誰にとっても公正なルールを案出するために「無知のヴェール」の背後にいるとされます。これはいわば情報遮断装置であり、それを知っているならば自分の有利になるようにルールを変更したくなるような情報が、彼ら自身に対して遮断されるのです。そのため誰一人として、社会における自分のポジションにかかわる情報——肌の色、性別、家柄、資産、才能、体力など——を知らないことになります。また自分がよい人生を望んでいることは知っているけれども、その具体的な計画についても知らないことになります。このように原初状態は、偶発性による有利・不利の有無が契約当事者（および彼らを観察している私たち）の道徳的判断に及ぼす影響を排除するための倫理的な装置なのです。

とはいえ当事者たちは全くの無知というわけではなく、「人間社会に関する一般的な事実」は知っています。政治上の事柄や経済理論の原理、社会組織の基礎や人間心理の法則も知っています。そんなこんなで、当事者たちは自らの具体的な人生計画を知らずとも、自らの能力の高まりと開花を楽しむ社会のメンバーとして生きるうえでかならず必要とするものとして基本財だけは欲するのです。ロールズはこれを「アリストテレス的な原理」としており、また「希薄な善の理論」と呼んでいます。

このような状況にある当事者たちが、いくつかの選択肢のなかから正義の二原理に合意するのです。このように誰にとっても公正な観点から正義原理が推論しうることを、ロールズは示そうとしました。このように正義原理を導出する理路は「公正としての正義」と呼ばれています。これによって功利主義の弱点を克服することができると考えられたのでした。

理想化された私たちの判断

ただしこれだけでは、正義論の民主的な正しさは担保されません。推論上どんなに正しくても、政治的知識を持たないものであれば、つまり人びとに受け入れられないものなのであれば、現代社会の正義論として説得力に欠けるのです。そこでロールズが持ち出すのが「反照的均衡」です。これは、正義原理（演繹《えんえき》的推論の結果）と道徳判断（帰納的推論の結果）が合致するように、相互調整を行うプロセスのことです。社会に生きる「私たちのしっかりした判断」、たとえば、「各自の社会生活のスタート地点に値する人がいないのと同様に、生来の資産の分配・分布における当人の境遇に値する人はいない」という判断が、原初状態の当事者たちが提示する原理群と反照にかけられます。もし正義原理と「私たちのしっかりした判断」との間に相違がある場合には、契約に関する条件を変更したり、私たちの判断を取り下げてそれらを諸原理に従わせたりして、行ったり来たりを繰り返すとされています。ロールズが想定している道徳判断は、「私たちの道徳能力が歪《ゆが》められることなく提示される見通しが最も高い場合の判断」であるというように、最高次の道徳発達段階の「原理の道徳性」に達したカント的な道徳的人格を持つ人びとによる道徳判断のようなものとなっています。

　ドイツのイマヌエル・カント（一七二四―一八〇四）は、人間を理性的存在者と見なし、毀損《きそん》されてはならない尊厳の持ち主だと考えました。各人はそれぞれ自分の目的のために生きているという意味で、人間社会は「諸目的の王国」です。そしてこの国では、人びとが誰もが従うべき法に従っているときに、法的正義の状態にあると考えられています。

　誰もが従うべき法――カントは定言命法によってそれを導き出します。「君は、〔君が行為に際して従うべき〕君の格律が普遍的法則となることを、当の格律によって〔その格律と〕同時に欲し得るような格律に従ってのみ行為せよ」（カント『道徳形而上学原論』、傍点は原訳書）。

これは、〈全員が従ったとしても望ましい世界となるルールに従え、そのようなルールのみが道徳法則だ〉ということです。自分で立てたルールに従うことが自律であり、自由なのです。

ロールズは、カントの自由論の価値のひとつである「自律」を自らの正義論にきちんと納めていることを、次のように明言しています。

正義の原理から行為するということは定言命法から行為するということであり、それは私たちの具体的な達成目標が何であるかにかかわらず私たちに正義の原理が適用されるという意味においてである。(ロールズ『正義論』)

公正な原初状態の観点から導き出され、私たちの「しっかりした判断」と反照にかけられた正義原理が、その後のあらゆる合意を統制し、基本的な事柄から具体的な事柄までを定めます。ロールズの想定では、正義原理を選択し終えた当事者たちは仮想的な憲法制定会議に移り、正義の二原理に合致する政治形態と憲法を選択します。そしてその枠内でさまざまな法律を制定するのです。当事者たちはこの間、無知のヴェールが徐々に引き上げられるなか、「自分たちが暮らしている社会に関連のある一般的事実」を知るようになります。正しいことを示すにあたって、公正の観点から合意を重ねていくというこのような方法をロールズは、一九八〇年に発表された論文（"Kantian Constructivism in Moral Theory"）のなかで、カント的構成主義と呼びました。

3　ロールズ以降のリベラリズム

ロールズの『正義論』は、現代正義論の幕を切ったと同時に、〈個人の自由と権利〉と〈社会全体の福祉の増大〉を両立しようという視点、すなわちリベラリズムも確立しました。リベラリズムは公正な社会を追求する思想です。以降のリベラリズムは、ロールズによって設定された舞台の上で、平等に関する議論を深めています。

何の平等か――基本的ケイパビリティ

一九九八年のノーベル経済学賞受賞者であり、日本でもいくつかの大学から名誉博士号を授与されているインド出身のアマルティア・セン（一九三三―）は、一九七九年のスタンフォード大学でのタナー連続講義「何の平等か？」のなかで、ロールズの「基本財」というアイデアを取り上げ、平等であるべきは基本財ではなく「基本的ケイパビリティ」であるとい

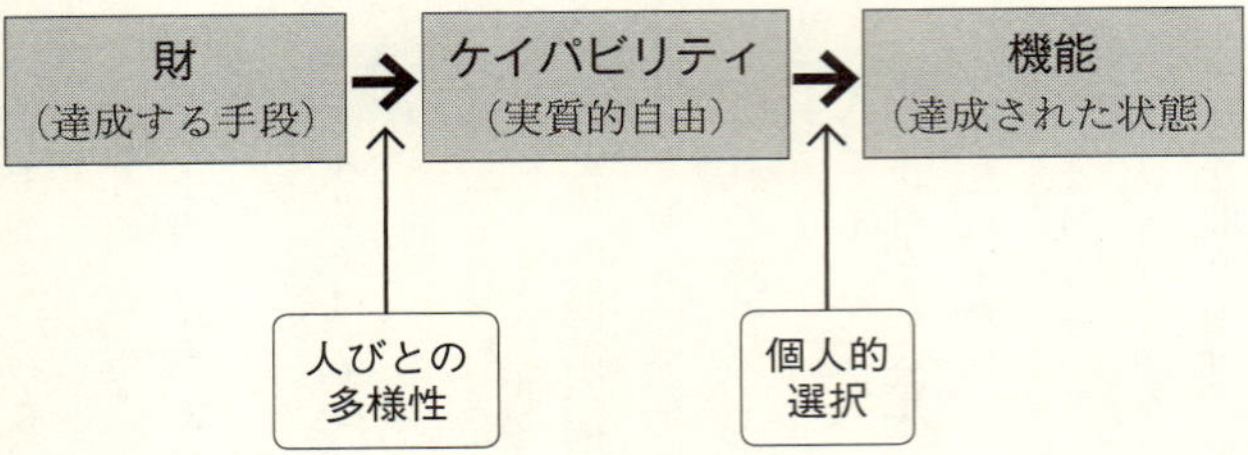

う論陣を張りました。個人的福利（自由）と社会的厚生（平等）の両立を目指すセンがロールズ正義論に着目したのは自然なことでした。

センが持ち出した「ケイパビリティ（潜在能力）」とは、ある人が何かを行ったり、何かになったりするための、実質的な自由のことです。ある人のケイパビリティはその人が持っている財と関連しており、また、ある人の生活はさまざまな活動や達成された状態である「機能」から構成されています。そのため、財とケイパビリティと機能の関係は、図のように示すことができます。個人的選択の自由に価値を置くセンは、各人の財や機能ではなくケイパビリティを、個人的福利を評価する際の情報的基礎として用いています。

さて、基本的ケイパビリティの平等を提唱するセンによれば、ロールズは自由を志向する理論家だけれども、人間の自由を財との関係においてのみ捉えてしまったがために、人間にとって財は手段に過ぎないということを見落としてしまっていることになります。ロールズの第一原理がカバーする基本的諸自由も、第二原理がカバーする基本財と同様に、人間にとっては財すなわち手段に過ぎないのであって、人間の自由を十全に伝える情報的基礎とはならないというのです。

また、センは人間の多様性も考慮に入れています。人びとはその外的な特性（相続した資産や自然的・社会的な住環境など）や個人的な特性（年齢、性別、病気に対する抵抗力、身体的・精神的な能力など）において多様であり、同じ種類で同じ量の財が分配されたとしても、同じケイパビリティ——生き方の幅——を享受できるとは限りません。全員に同じ自転車を配っても、足が不自由な人はその自転車を用いて移動したりサイクリングを楽しんだりすることはできません。全員に同額の生活保護費を支給しても、病弱で医療費がかさむ人が食費や他の費目に充てられる金額は少なくなります。基本的ケイパビリティの平等のためには、財を不平等に分配しなければならないのです。

ただし、センはロールズの基本財のリスト（権利、自由、機会および所得と富）に相当するような基本的ケイパビリティのリストは提示していません。一九七九年のタナー連続講義で、「身障者の例では、身体を動かして移動する能力が関連しているものの一つだが、その他にたとえば、栄養補給の必要量を摂取する能力、衣服を身にまとい雨風をしのぐための手段を入手する資力、さらに共同体の社会生活に参加する権能」などを例証するにとどめています。

また他方でセンは、一九九九年に刊行された『自由と経済開発』のなかで、ケイパビリティを「ある人が価値あると考える生活を選ぶ真の自由」ともしています。これは、たとえば援助者と被援助者とからなる援助の現場で、特定の被援助者の生活の幅を広げるという文脈においては、とても有効なアプローチです。しかし、より広い文脈では、この定義による基本的ケイパビリティの平等には困難が生じます。というのも、「ある人が価値あると考える生活を選ぶ真の自由」には、星の数ほどのバリエーションがありうるからです。手入れのゆき届いた幾何学的な形状の芝地に生えている芝の葉を数える実質的自由を欲しがる数学者もいるかもしれませんし、復讐《ふくしゅう》のための自爆テロを行う実質的自由を欲しがるテロリストもいるかもしれません。どのケイパビリティにどのような価値があるのかを、明確に述べる必要がありそうです。

何の平等か――資源

ロナルド・ドゥオーキン（一九三一―二〇一三）も平等に関する議論を深めた一人です。ドゥオーキンはアメリカ出身の法哲学・政治哲学者で、ハーバード大学を卒業後、ローズ奨学生（イギリスの旧植民地からの優秀な学生に与えられ、選抜者は年に数名にとどまる）としてオックスフォード大学に留学し、合衆国控訴裁判所の著名な裁判官（ラーニッド・ハンド）の法務書記として実務経験を積んだあとアカデミズムの世界に入り、オックスフォード大学でH・L・A・ハートの後任として法理学を教えていました。退職後はユニバーシティ・カレッジ・ロンドンとニューヨーク大学の二つの大学に籍を置いていました。

ドゥオーキンの正義論は「平等な配慮と尊重」を受ける個人の権利を基底とするものです。その論証は平等に関する四部作論文「平等とは何か」の、一九八一年に発表された第一部「厚生の平等」と第二部「資源の平等」で行われています（『平等とは何か』に所収）。

「厚生の平等」は社会的分配を評価する方法のひとつであり、さらなる厚生の譲渡が各人の厚生の量をそれ以上は等しくならない状態まで達せしめたときに各人を平等と見なします。「資源の平等」も同様の方法のひとつであり、さらなる資源の譲渡が各人の資源の量をそれ以上は等しくならない状態まで達せしめたときに各人を平等と見なします。どちらも平等を規準としていますが、政策として実施した場合には異なる帰結をもたらします。「厚生の平等」の場合には、各人の満足を等しくしようとするため、高くつく嗜好《しこう》をもつ人びとに多くの社会的資源が費やされたり、ギャンブル好きの人びとにも社会的資源を費やしてしまうことになるのです。

たしかに、いかに諸個人に「平等な尊重と配慮」を受ける権利があるとしても、飛行機はエコノミークラスではなくビジネスクラスでないと満足できない人や、どんなに負けが込んでも毎日ギャンブルをやりたいという人に、「平等な尊重と配慮」を施す必要はありません。ドゥオーキンは高くつく嗜好やギャンブルへの傾向性などを個人的選択の問題と見なし、個人的選択がもたらす結果（たとえば自己破産や身の破滅など）を「選択的運」とし、それらを回避しえたリスクすなわち個人的責任の問題としました。他方で、自然災害などは回避しえないリスクつまり「自然的運」とし、保険によってカバーされるべき問題としました。自然的運が介在する不平等の放置は、正義にもとるとされたのです。

ロールズも「偶発性」という表現においてではありますが、自然的運の問題を取り上げていました。社会的・経済的な不平等をもたらす偶発性の一例である「才能」について、ロールズは次のように述べています。

格差原理は、生まれつきの才能の分配・分布を（いくつかの点で）共通の資産と見なし、この分配・分布の相互補完性によって可能となる多大な社会的・経済的諸便益を分かち合おうとする、ひとつの合意を実質的に表している。生まれつき恵まれた立場におかれた人びとは誰であれ、運悪く力負けした人びとの状況を改善するという条件に基づいてのみ、自分たちの幸運から利得を得ることが許される。有利な立場に生まれ落ちた人びとは、たんに生来の才能がより優れていたというだけで、利益を得ることがあってはならない。利益を得ることができるのは、自分たちの訓練・教育にかかる費用を支払うためだけであり、またより不運な人びとを分け隔てなく支援するかたちで自分の賦存を使用するためだけである。より卓越した生来の能力を持つに値する者は誰ひとりいないし、より恵まれた社会生活のスタート地点を占めるに値する者もいない。だがもちろん、このことがそうした〔生来の能力や社会生活のスタート地点の優劣の〕諸区別を無視したり(ましてや)廃絶したりする理由になるわけではない。諸区別を無視・廃絶するのではなく、そのような偶発性が最も不運な人びとのために機能するよう基礎構造を編成することができる。(ロールズ『正義論』)

ここで述べられているのは、才能の有無は偶発的であるため、それが生みだす有利性、つまり所得や富を「共通の資産」と見なそうというアイデアです。たとえばトップレベルのプロ野球選手は、血が滲《にじ》むほどの努力を重ねてきたことは言うまでもないでしょうが、持って生まれた才能と、努力することができるという才能を有していたがために、高所得を得ているのです。政治理論家のチャールズ・ベイツはかつて、ロールズのこのアイデアに異議を唱え、才能はその所有者のアイデンティティに深く関与しているため、その有利性は所有者の道徳的権利(功績)であり、才能が生みだす有利性の分配よりも、本来的に誰の所有物でもなく、たまたま最初に発見した誰かがそれへの専有権を行使しているに過ぎない天然資源の便益の分配の方が道徳的に望ましいと述べました。けれども、どの才能が生みだす有利性に社会的価値があるのかを定めるのは社会であることに鑑みれば、ロールズの見解の方に分があるように思えます。

もとより、才能奴隷——当人が望んでいないにもかかわらず、社会のためにその才能の発揮を強制されること——は、個人の自由の観点からして認められません。しかし、当人が才能を発揮することを望み、社会がその才能に価値を見出しているがゆえに当人に有利性がもたらされる場合には、その有利性を分かち合うことは正しいと言えるでしょう。なぜならそうした有利性は、社会的協働の産物だからです。

ドゥオーキンに戻ります。「資源の平等」の方はどうでしょうか。ドゥオーキンは資源を「どのような資源であろうと個人によって私的に所有されうる資源」として、ロールズの基本財のような通常の意味の資源に加えて、「個人の資源」（健康、体力、精神力、才能など）とさらには「自然的運」も含めています。こうした資源は外的な物質的財ではないため、人から人へ譲渡できるものではありません。ロールズは「健康、体力、知能、想像力」などは〈自然本性的な財〉であるとして、社会が分配できる基本財と区別していました。ドゥオーキンは一見すると社会が分配できない資源の平等も説いているように見えますが、実際はそうした資源がもたらす有利性の平等を説いているのです。

では、そのような平等の状態にはどのようにして至ることができるのか。これについてドゥオーキンは、難破船から無人島に漂着した人びとが島の資源を平等に私的所有しはじめる状態からはじまる思考実験を行っています。「仮想的競売」を通じて誰もが他者に対する羨望を抱かなくなった状態が「資源の平等」が達成された状態です。

このようなドゥオーキンの正義論は、ロールズの正義論と同様に物神崇拝主義だとして、センによって批判されています（センの理解では国際開発における「人間の基本的必要アプローチ」も物神崇拝主義になります）。しかし、ドゥオーキンもセンを批判しています。ドゥオーキンの見解では、ケイパビリティを「ある人が価値あると考える生活を選ぶ真の自由」とするセンの「ケイパビリティの平等」論は、「厚生の平等」論とさして変わりがないのです。人びとのなかには酒や薬漬けの生活に価値があると考える人がいるため、もしセンが支持するような自由を各人に等しく保障しようとするならば、政治は酒や薬への中毒を支援する「中毒者の国」をつくることになるとドゥオーキンは述べています。

そのような国の到来は、社会保障の対象とすべき基本的ケイパビリティの客観的リストをつくることで回避しうるかもしれません。この可能性と問題点については第四章で再び取り上げます。

何の平等か――機会

イギリスの政治哲学者アダム・スウィフト（一九六一―）も、「何の平等か」について議論を深めている一人です。彼は「フィロソフィー・バイツ」というポッドキャストの二〇一五年のインタヴューで、「子どもに寝る前の読み聞かせをすること（ベッドタイム・ストーリー）は機会の平等の観点から道徳的に許されるか」という興味深い問題提起をしました。寝る前の読み聞かせをしてもらった子どもの方が、職業的・金銭的に見て将来の成功率が高いという調査結果がある。そうであるならば、読み聞かせを受ける機会の不平等を問題にしなければならないのではないか、というのです。

たしかに子どもは、読み聞かせをしてくれる家庭環境を選んで生まれてくることはできません。家庭環境という偶発性がもたらす有利・不利を、ロールズ流の正義論は放置することができないはずです。「機会の平等」（ロールズの第二原理では「公正な機会均等」）の観点からすると、親の功績（メリット）が子どもに受け渡されるベッドタイム・ストーリーは認められるのか。読み聞かせをしてもらえない子どもの家庭には、ヘルパーが派遣されるべきなのか。あるいは読み聞かせをしてもらえなかった子どもは、入学試験や就職活動におけるポジティブ・アクションの対象とすべきなのか。それともすべての家庭で読み聞かせを禁止すべきなのか。反対にすべての家庭で読み聞かせを義務にすべきなのか。スウィフトの問題提起は想像を掻《か》き立てます。

スウィフト自身は、二〇一四年に刊行されたハリー・ブリッグハウスとの共著で明らかにしているように、親子の愛着関係の醸成という観点から、「読み聞かせの禁止」については否定的です。しかしその代わりに、保護者の経済状況や教育に関する意識が大きく作用する、子どもの私立学校でのエリート教育には反対しており、そのようなエリート教育制度の廃止を示唆しています。

この難問は、社会における教育格差と所得格差の拡大とともに、日本においても現実味を帯びてくるかもしれません。

「福祉国家」の哲学的基礎?

本章を閉じるにあたって、ロールズ流の正義構想を実現するためのコストの問題について触れておきたいと思います。

ロールズは『正義論』で税と再分配の制度について詳しく述べていました。政府による公共財の供給とソーシャル・ミニマムの保障を賄うためのメインの租税として、「〈個人の消費支出を課税ベースとする〉定率の支出税」を提案しています。どんな種類の所得税よりも定率の支出税の方が好ましいとされるのは、それが「財の共有の蓄えからどれだけ取り出したかに応じての課税」だからだと説明されています。つまり、どれだけ消費したかに応じて徴税するというのです。また、基本財を分配するための政府の関連諸部門として、配分部門、分配部門、安定化部門、移転部門が考察されています（ロールズは「配分（allocation）」と「分配（distribution）」を明確に区別していて、前者は効率を重視する場合、後者は公正を重視する場合に用いられています）。

このようにして見ると、ロールズ正義論は福祉国家の哲学的基礎を提供するものであるように見えます。しかし、ロールズ自身は「福祉国家」という言葉を用いませんでした。なぜならロールズの狙いは「事前的な」分配状態をより平等にすることにあり、「事後的な」再分配に専念する福祉国家の狙いとは異なるからです。

こうした課税や規制のねらいは、歳入を引き上げる（政府に諸資源を引き渡す）ことにあるのではなく、段階的・継続的に富の分配を是正し、かつ政治的自由の公正な価値および公正な機会均等にとって有害な権力の集中を阻むところにある。たとえば累進税率の原理が〔遺産・遺贈の〕受領者の取り分に適用されるだろう。これによって、所有（財産）の広範な分散が促される。平等な諸自由の公正な価値が維持されるべきだとすれば、所有の分散は必要条件のひとつであるように思われる。（ロールズ『正義論』）

所有（財産）の広範な分散。ロールズは、後にノーベル経済学賞を受賞する経済学者ジェイムズ・ミード（一九〇七―一九九五）の一九六四年の著作の第五章の章題 A Property-Owning Democracy から用語を拝借し、この理念を〈財産所有のデモクラシー〉と呼びました。そしてエリン・ケリーによって編集され、最晩年の二〇〇一年に刊行された『公正としての正義 再説』のなかで、この理念について積極的に語っています。曰く、格差原理の効力が十分に発揮された社会は、形式的平等だけを保障する「自由放任型資本主義」とも、不動産（生産財と天然資源）の所有における甚大な格差を許容する「福祉国家型資本主義」とも、「基本的諸自由」を侵害する「指令経済を伴う国家社会主義」とも異なるそうです。

しかしロールズは、生産手段の所有形態については、オープンな問題として残しました。私的所有であるか、社会的所有であるかは、各国の「歴史的条件や伝統、諸制度および社会的勢力の分布」によって決まるものであり、いずれであっても「正義の二原理」と両立しうる体制だと考えたのです。

自由市場があれば、正義の二原理の効力によって、公正な社会は維持しうる——本章で見てきたように、ロールズ正義論が社会全体の福祉の増大のなかで確実に守ろうとする諸個人の〈不可侵なるもの〉とは、基本的諸自由のことでした。ロールズが基本的諸自由のひとつにかぞえているものに〈個人的財産＝動産を保有する権利〉があります。これは字義通り「個人的」な所有であり「私的」な所有ではありません。含まれるのは個人の身のまわりのもの、たとえば腕時計や自分の住処《すみか》などであり、富の増殖につながるような所有とは性質が異なります。天然資源や生産手段の取得と遺贈を含む所有権は、含まれていないのです。個人的財産とその排他的使用権が限定的に認められる理由は、人びとの「個人的な独立と自尊の感覚とが両方とも道徳的能力の適切な発達と行使にとって必須であるがゆえに、それらのために十分なだけの物質的基礎を与えるということにある」（ロールズ『公正としての正義 再説』）と考えられているからです。

したがって、社会的・経済的な格差を活用して「最も不遇な人びと」の生活を底上げするというロールズ正義論の目論見《もくろみ》は、経済（成長）の諸条件によっては、うまくいかない可能性があります。社会的協働がもたらす物質的な果実が少ないとき、社会的最低限の生活レベルをどこに設定するかは、切実な問題となるでしょう。

公民権法を成立させたジョンソン大統領は、財政支出を増やし、ニューディール政策に次ぐ規模の「大きな政府」を志向していました。一九六五年には「偉大な社会」構想を打ち出し、社会保障の拡充のため各種法律を整備し、低所得高齢者の医療費補助、低所得家庭への食費補助、低所得家庭の子どもの就学費補助といったプログラムを開始しました。ロールズが『正義論』を準備した一九六〇年代のアメリカは、社会的協働の物質的な果実の分配が期待できる成長と安定の時代だったのです。

ロールズの正義論では、個人のために存在する社会は協働の冒険的企てであるがゆえに、そこに生きる諸個人は偶発性によって生じる有利・不利を分かち合い、社会的最低限の暮らしを相互に支えあうことになります。どのような善い生つまり幸福の構想を持とうとも自由で合理的な人であれば、社会のメンバーとして生きるうえで必要とするとされる基本財が、社会の基礎構造を通じて分配されるのです。〈正義とは何か〉に対するロールズの回答は、この意味での公正な社会の実現です。それは「政治的リベラリズム」にコミットするようになった後期においても、変わらぬものであったと言えます。

第二章　小さな政府の思想
――リバタリアニズム

最小国家は我々を……個人としての諸権利をもちこのことから生じる尊厳を伴う人格として扱う……それは我々が、個人としてまたは自分の選ぶ人々とともに、同じ尊厳をもつ他の個人達の自発的協力に援助されて、自分の生を選び、（自分にできる限り）自分の目的と自分自身について抱く観念とを実現してゆくこと、を可能にしてくれるのである。どんな国家や個人のグループも、どうしてこれ以上のことをあえてするのか。また、どうしてこれ以下しかしないのか。（ノージック『アナーキー・国家・ユートピア』）

ロールズの『正義論』はリベラリズムの枠を超えて大きな影響力をもちました。「今や政治哲学者たちは、ロールズ理論の内部で仕事をするか、さもなければなぜそうしないのかを説明しなければならない」として、ロバート・ノージックは一九七四年、『アナーキー・国家・ユートピア』を著し、リバタリアン的な正義を提唱しました。それはジョン・ロックの所有権論に立脚するものであり、経済的平等のための国家による課税を盗みと見なします。本章では、無政府主義（アナーキズム）から最小福祉国家論までと幅広い思想を含むリバタリアニズムを、リベラリズムとの共通性に着目しつつ、国家の存在に慣れてしまった人間精神を反省するための素材として紹介したいと思います。

1　古典的リベラリズムという源流

リバタリアニズム（完全自由主義、自由至上主義、自由尊重主義）はリベラリズム（自由主義）と同様に個人の自由と権利を尊重する立場です。ただし、リベラリズム以上に個人の自由と権利を尊重し、社会や国家が個人の生活に干渉することを厭《いと》います。婚姻制度や公共事業の廃止などを要求することがあるのはそのためです。この二つの思想の違いを明確にするために、現代正義論におけるリベラリズムを現代的リベラリズムとしましょう。そうすることで、現代的リベラリズムとリバタリアニズムの源流がともに古典的リベラリズムにあるという説明が容易になります。

古典的リベラリズムは、近代ヨーロッパの絶対王政を打破するダイナミズムを支えた思想潮流です。フランスの政治思想家であり法律と政治の実務に携わったアレクシス・ド・トクヴィル（一八〇五―一八五九）は、絶対王政下の政治・社会体制をアンシャン・レジーム（旧体制）と呼びました。第一身分の聖職者と、第二身分の貴族を、疲労困憊《こんぱい》した体《てい》の第三身分の農民が支えるという絵図は、大なり小なり現代社会にも当てはまるような気がします。この旧体制の時代に個人の自由と権利を唱えたのがイギリスのジョン・ロック（一六三二―一七〇四）です。

旧体制を風刺した画

ロックの自由論

ロックは一六九〇年の著書『統治二論』で、「生命」「自由」「財産」への権利を人間に固有の権利としました。これらの権利を確実なものとすることが政府の務めであると主張したのです。

当時のイングランドでは、カトリックの国王ジェームズ二世がカトリック教徒を重用していたため、プロテスタントの貴族らを中心とする議会と対立していました。議会は一六八八年、国王の長女でプロテスタントのメアリーとその夫でオランダ人のオラニエ公ウィレム三世に対して、イングランドに来てくれるよう要請します。この要請を受けたウィレム三世はオランダ軍の艦隊を率いてイングランドに上陸。ジェームズ二世がフランスに亡命すると、メアリーとウィレム三世は共にイングランド国王に即位し、翌年に「権利の章典」を定めました。正式名称を「臣民の権利と自由を宣言し、王位の継承を定める法律」とするこの「権利の章典」は、貴族を中心とする議会の権限と、請願権を含む臣民の諸権利について定めるものでした。

ロックの『統治二論』は、一六八九年に成文化された「権利の章典」よりも民主的です。何よりロックは、人民の抵抗権と革命権について説いているのです。

暴政とは、人が、その手中に握る権力を、その権力の下にある人々の善のためではなく、自分自身の私的で単独の利益のために利用することである。つまり、それは、統治者が、いかなる名称を与えられているにせよ、法ではなく自分の意志を規則にし、彼の命令と行動とが、人民の固有権《プロパティ》の保全にではなく、自分自身の野心、復讐の念、貪欲さ、その他の気まぐれな情念の満足に向けられているときに他ならない。（ロック『統治二論』）

暴政においては抵抗する権利が人民に生じるとロックは考えます。また、君主や立法府が人民の人間としての権利を侵害している場合は、革命によって社会契約をやり直すことが認められます。ちょっとドキドキするような感じがしますね。

ロックは社会契約説を唱えましたが、宗教的寛容も説きました。プロテスタント（ピューリタン、清教徒）であり、国王による弾圧から逃れてオランダへ亡命していたロックにとって、信教の自由は何よりも守るべきものでした。

ロックの所有権論

君主や立法府をもってしても侵すことのできない人間に固有の権利と、宗教的寛容。ロールズ正義論がロックの自由論を受け継いでいることは明らかです。そして、ロールズ正義論はロックの所有権論も受け継いでいます。対象物に自らの労働を加えることによる所有権の開始について、ロックは次のように述べています。

ロックとキリスト教の世界観

たとえ、大地と、すべての下級の被造物とが万人の共有物であるとしても、人は誰でも、自分自身の身体に対する固有権《プロパティ》をもつ。これについては、本人以外の誰もいかなる権利をももたない。彼の身体の労働と手の働きとは、彼に固有のものであると言ってよい。従って、自然が供給し、自然が残しておいたものから彼が取りだすものは何であれ、彼はそれに自分の労働を混合し、それに彼自身のものである何ものかを加えたのであって、そのことにより、それを彼自身の所有物とするのである。それは、自然が設定した状態から彼によって取りだされたものであるから、それには、彼の労働によって、他人の共有権を排除する何かが賦与されたことになる。というのは、この労働は労働した人間の疑いえない所有物であって、少なくとも、共有物として他人にも十分な善きものが残されている場合には、ひとたび労働が付け加えられたものに対する権利を、彼以外の誰ももつことはできないからである。（ロック『統治二論』、以下傍点は原訳書）

ロックの時代、ヨーロッパの人びとの精神はキリスト教の影響下にありました。ソクラテス、プラトン、アリストテレスの時代の後、当時はローマの属州であった現在のパレスチナの街ベツレヘムで、イエス・キリスト（前四？―後三〇？）が誕生し、ユダヤ教を母体とするキリスト教が確立されていきました。キリスト教はユダヤの民以外の異教徒にも祝福を与えることを目指してローマ帝国各地で布教を行い、三一三年のミラノ勅令によって公認され、三八〇年には国教となりました。以降は政治権力との結びつきを強めつつ、世界宗教となっていったのです。国境を越えるキリスト教会の権力と、国境内部で君主がもつ国家権力の相互依存的二重体制。この体制は、一六四八年のウェストファリア条約によって三十年戦争が終結するまで続きます。国家は、国境の外部からの干渉を、教会によるものも含めて排除できる、「主権」と重なるようになったのです。人びとの精神も徐々にキリスト教から自由になってゆきます。

キリスト教は、大地と動物を、神によって与えられた人類の共有物と見なしていました。人間以外の動物＝下級の被造物の道徳的地位は人間よりも低いとされていたのです。ロックが『統治二論』の後篇「政治的統治の真の起源、範囲、および目的に関する論」（「市民政府論」、あるいは「市民政府二論」という訳語をとっている訳書もあります）第五章「所有権について」で唱えたのは、人間はこの共有物の一部分に対して自分の労働を混合させることで所有権を獲得するという説です。これは今日ではロックの労働混合説と呼ばれています。斬新なアイデアですが、神によって生みだされた人間が自分の身体を自分の所有物とすることは神への冒瀆《ぼうとく》にあたらないのか、という疑問も浮かびます。

いずれにしても、ロックが正当化した「所有権」は非常に強い権利であり、対象物を全面的に支配する権利を指します。所有権は財産権の一つですが、たとえば日本国憲法は第二九条で「財産権は、これを侵してはならない」と定めています。そして民法二〇六条は「所有者は、法令の制限内において、自由にその所有物の使用、収益及び処分をする権利を有する」と定めています。排他的な使用権、収益権、そして処分権を伴う所有権は、税負担を抜きにすれば、その持ち主にとってたいへん有利な権利です。生誕と同時に広大で肥沃《ひよく》な土地を所有することになった人と、何も所有していない人。この二人しかいない社会で、二人が自由市場で合理的にふるまうとした場合、何も所有していない人の人生の見通しの悪さは、想像に難くありません。ロールズ正義論はこのような偶発性に対処しようとしたのでした。

そのような理由で、ロックの所有権論の方は、リバタリアンの正義論の根拠に据えられることが多いのです。ただしロックの場合、共有物への所有権は、それらが「自分の生活の便宜のために利用しうる限りのもの」に制限されています。たとえば無駄に腐らせてしまうほどの果物への所有権は認められないのです。また、土地への所有権も同様であって、「隣人に損害を与えてまで自分の所有権を獲得したりすること」は想定されていません。ロックが所有権の設定に付したこうした条件は、今日では「ロック的但し書き」と呼ばれています。

アダム・スミスと自愛心

ロックからおよそ一〇〇年後のイギリスでは、スコットランドのアダム・スミス（一七二三―一七九〇）が、政府の重商主義政策を批判し、レッセ・フェール（自由放任）を唱えました。スミスは絶対王政を打破するダイナミズムの思想的支柱であったとは言えませんが、現代的リベラリズムとリバタリアニズムの両者からラブコールが送られる古典的リベラリズムの思想家ですので、ここで取り上げます。

重商主義は、近代ヨーロッパで採用されていた経済政策で、金銀の蓄積によって国富を増やそうとするものです。イギリス、オランダ、フランスなどは外国から支払われる金銀を目当てにして、自国の輸出業に補助金を出してテコ入れしていました。そのなかでスミスは、国家による市場への介入が適正な資源配分と価格決定を阻んでいるとして、重商主義政策を批判したのです。『国富論』（一七七六年）では、個人の利己心に発する需給の不均衡が「見えざる手」（価格という市場メカニズム）によって調整されることを論じました。スミスの名前が今日の市場原理主義者によって引き合いに出されることがあるのはそのためです。

また、スミスは分業についても論じました。『国富論』の冒頭にある有名な例にあるように、一人の職人がピンの製造工程のすべてに従事するならばせいぜい一日に一本のピンしか生産できませんが、製造工程をいくつかに区切って仮に一〇人で分業するならば一日に四万八〇〇〇本のピンが生産できる。分業が大量生産を可能にすることと、国際分業に利点があることを、スミスは説いたのです。

スミスはここから進んで、社会的な分業について述べています。ロールズの社会観（社会的協働論）とも類似しているので、少し長いですが引用します。

文明社会では、人はつねに多数の人びとの協力と援助を必要としているのに、一生をかけても何人かの人びとの友情を得るのにたりない……人は仲間の助力をほとんどつねに必要としており、しかもそれを彼らの慈悲心だけから期待しても無駄である。自分の有利になるように彼らの自愛心に働きかけ、自分が彼らに求めることを自分のためにしてくれることが、彼ら自身の利益になるということを、彼らに示すことのほうが、有効だろう。他人になんらかの種類の交換を提案する者はだれでも、そうしようとする。私のほしいそれをください、そうすればあなたのほしいこれをあげましょう、というのがすべてのそのような提案の意味であり、われわれが自分たちの必要とする好意の圧倒的大部分をたがいに手にいれるのは、このようにしてなのである。われわれが食事を期待するのは、肉屋や酒屋やパン屋の慈悲心からではなく、彼ら自身の利害にたいする配慮からである。われわれが呼びかけるのは、彼らの人類愛にたいしてではなく、自愛心にたいしてであり、われわれが彼らに語るのは、けっしてわれわれ自身の必要についてではなく、彼らの利益についてである。（スミス『国富論』）

スコットランド啓蒙《けいもう》の時代、人びとが「神の意図」によってではなく「自愛心」から行為するという説明が可能になりました。社会において必要とされる「協力と援助」を、誰かの慈悲心ではなく、不特定多数の自愛心にもとづく行為の集積場——すなわち市場——によって確保することができるのだと、スミスは述べています。これは、自由で合理的とされる諸個人が、自己利益の増進のために、社会の基礎構造を統制する「正義の二原理」に合意するとの推論からはじまるロールズの正義論に通ずるものがあります。

このような自愛心から行為する主体からなる自由市場であっても物乞《ものご》いが溢《あふ》れることがないのは、彼らが「共感」(sympathy、同感とも）という道徳感情を備えているからです。スミスは『国富論』よりも前に出版した『道徳感情論』（一七五九年）の冒頭で、次のように倫理的な主体を描き出しています。

いかに利己的であるように見えようと、人間本性のなかには、他人の運命に関心をもち、他人の幸福をかけがえのないものにするいくつかの推進力《プリンシプル》が含まれている。人間がそれから受け取るものは、それを眺めることによって得られる喜びの他に何もない。哀れみや同情がこの種のもので、他人の苦悩を目の当たりにし、事態をくっきりと認識したときに感じる情動《エモーション》に他ならない。我々がしばしば他人の悲哀から悲しみを引き出すという事実は、例証するまでもなく明らかである。この感情《センチメント》は、人間本性がもつ他のすべての根源的な激情《パッション》と同様に、高潔で慈悲深い人間がおそらくもっとも敏感に感じるものではあろうが、しかし、そのような人間に限られるわけではない。手の施しようがない悪党や、社会の法のもっとも冷酷かつ常習的な侵犯者でさえ、それをまったくもたないわけではないのである。（スミス『道徳感情論』）

共感は、他者の感情を理解し、それを自分の心のなかに再現させようとすることです。スミスによると人間は、他者に共感し、他者から共感される存在者であるがゆえに、自分の感情とそれにもとづく行為が他者の共感を得られるものであるのかどうか、つまり是認されるものであるのかどうかを気にかけます。

しかし、誰の是認でもよいわけではありません。それは、自分に対して利害関心のない「公平な観察者」の是認でなければならないのです。この観念的な「公平な観察者」のまなざしに耐えうる主体の活動を、スミスの自由市場論は前提としていました。人びとの自愛心が「公平な観察者」の視点すなわち共感という道徳能力によって制限され、暴利をむさぼるといった他者の共感を得られないような経済活動を控えるようになることが、自由市場の成功には不可欠なのです。

ただしロールズは「公平な観察者」について、やや複雑な議論で、否定的な見解を述べています。それは「公平な観察者」は功利主義的であり、「複数の個人の間の差異を真剣に受け止めることができない」という理由からです。曰く「共感的に想像された痛みは共感的に想像された快楽を相殺し、そして是認の最終的な強度は肯定的な感情の正味合計に対応する」（『正義論』）。これは、前章で説明した「無知のヴェール」の背後の当事者たちの方が「公平な観察者」よりも公正な正義原理を導出できるという対抗的な主張です。ロールズの「公平な観察者」論については、第三章の終わりで少し触れたいと思います。

アメリカ独立宣言

アメリカ独立宣言にも、古典的リベラリズムの精神が生きています。宗主国イギリスに戦費の負担を迫られたことで、アメリカ一三植民地では本国への不満が高まり、「代表なくして課税なし」をスローガンとする抵抗の機運が熟していました。そのなかで一七七三年、イギリスが東インド会社に茶輸入の独占権を付与したことに腹を立てた人びとが、ボストン港に停泊中のイギリス船を襲撃し、茶箱を海に投げ捨てました。このボストン茶会事件を切っ掛けとして独立運動が起こり、一七七六年、一三の植民地はイギリスからの独立を決議しました。トマス・ジェファーソンによって起草された独立宣言（「一三のアメリカ連合諸邦による全会一致の宣言」）の前文には次のように書かれています。

われわれは、次の真理は自明のものと信じている。すなわち、人はすべて平等に造られている。人はすべてその創造主によって、誰にも譲ることのできない一定の権利を与えられており、その権利の中には、生命、自由、そして幸福の追求が含まれている。これらの権利を確保するために、人びとの間に政府が設立されるのであって、政府の権力はそれに被治者が同意を与える時にのみ正当とされる。いかなる形体の政府であれ、こうした政府本来の目的を破棄するようになった場合には、人びとはそうした政府を改変あるいは廃止する権利を有している。そして、新しい政府を設立し、その政府のよってたつ基礎を、またその政府権限の組織形体を、人びとの安全と幸福とにもっとも役立つと思われるものにする権利を有している。もとより、長く確立されてきた政府を一時的な理由により軽率に改変してはならないことは、まことに思慮分別の示すとおりである。事実、およそ人類の経験に照らすならば、人びとは長く順応してきた政府を廃止することによって権利を回復するよりは、その弊害が忍びえるものであるかぎりは、むしろそれに耐えようとする。しかし、権力の乱用と権利の侵害とが同じ目的の下に長年にわたり行われ、人びとを絶対的専制の下に置こうとする意図が明白な時には、そのような政府を倒し、人びとの将来の安全を保障する政府を設立することは、人びとの権利であり、また義務でもある。（『史料で読む　アメリカ文化史2』）

ここには、人間の不可侵の権利（自然権）、社会契約による政府の樹立、そして革命権に関する、ロックの自由論の受容が見て取れます。一三植民地は一七八一年に連合規約を結んで一三州となり、アメリカ合州（衆）国を樹立しました。イギリスからの独立はその二年後です。一七八七年には憲法制定会議が開かれ、翌年には合衆国憲法が成立しました。ロールズ正義論の原初状態に集う契約当事者たちは、自由と権利を求めて憲法制定会議に集ったであろうアメリカ人民の代表者たちを理想的に描いたものだと言えます。

実はロックの所有権論も、アメリカ合衆国の成立原理と無関係ではありません。労働混合説を唱えたロックは、土地の征服や開墾による所有権の開始を現に「神の意図」として正当化しているからです。

神は人間に労働を命じ、人間も窮乏ゆえに労働を強いられた。彼が労働を付加したものは彼の所有物であり、誰も彼からそれを奪うことはできなかった。こうして、土地を征服しあるいは開墾することと、それへの領有権をもつこととが一つに結びついていたことがわかるであろう。前者が後者への権原を与えたのである。従って、神は、土地の征服を命じることによって、それを専有する権威を与えたことになる。（ロック『統治二論』）

西部開拓はアメリカ合衆国を発展させました。しかし、所有権の観念を持っていなかったネイティヴ・アメリカンから土地を奪って彼らを居留地に追いやり、マイノリティの立場に貶《おとし》めるものでもあったのです。

現代的リベラリズムとの分岐

アメリカ合衆国は、古典的リベラリズムを思想的基盤としてスタートしました。しかし二

○世紀前半の世界的な大恐慌への対応のなかで政府の市場介入が進み、また貧困対策として福祉国家化が進みました。

一九二九年一〇月のニューヨーク株式市場の大暴落を機に世界に伝播《でんぱ》した大恐慌は、膨大な失業者と貧者を生みだしました。資本主義の進展とともに、個人の生命、自由、そして幸福追求権は、レッセ・フェールでは守れないということが明らかになったのです。民主党出身のフランクリン・ルーズヴェルト大統領は、公共事業による雇用促進を含むニューディール政策によってこの経済不況を乗り切ろうとしました。これは国家による有効需要の創出を説いたイギリスの経済学者ケインズの理論と符合する政策です。

社会のメンバーの自由と権利を確実なものとするために、古典的リベラリズムは国家への依存度を高めるようになります。そして夜警国家から福祉国家への転換とともに、ロールズに代表される現代的リベラリズムの萌芽《ほうが》が生まれたのです。

では、リバタリアニズムはどのように定義できるでしょうか。これまで本章では、リバタリアニズムの源泉が古典的リベラリズムであると述べてきました。結論から言うと、リバタリアニズムは古典的リベラリズムの本流にある思想です。次節で紹介するノージックの最小国家論やロスバードの無政府資本主義は、リバタリアニズムの代表事例というよりむしろ「限界事例」として位置付ける方が適切なのかもしれません。

2　リバタリアニズムの四類型

リバタリアニズムに分類されるさまざまな思想は、財産権を絶対不可侵とする極と最小限の福祉政策を要求する極とを両端とするスペクトラム上にあります。それらを、①無政府資本主義、②最小国家論、③左派リバタリアニズム、④福祉リバタリアニズムの四つに類型することができます。以下、それぞれの正義構想を見てゆきましょう。

アナーキズム――無政府資本主義1

リバタリアニズムのなかには、国家を本質的に反道徳的な存在とする類型があります。これは政治的支配がないことを理想とするアナーキズム（無政府主義）と結びついた思想です。人間の歴史においてアナーキズム的な言動は随所で見られました。たとえばコスモポリタンを自称した最古の人物である古代ギリシアの哲学者ディオゲネスは、その極端に自由奔放な生活スタイルをもってすれば、アナーキストだと言えるかもしれません。近代においてアナーキズムを段階論的に詳述したのは、『貧困の哲学』（一八四六年）を著した一九世紀フランスのピエール・ジョセフ・プルードン（一八〇九―一八六五）です。それへの批判書『哲学の貧困』（一八四七年）を著したのが、当初はプルードンを高く評価していたカール・マルクス（一八一八―一八八三）であることからも窺えるように、アナーキズムの幅は広く、個人主義と結びつくものもあれば、集産主義と結びつくものもあるのです。

ロスバードの思考実験――無政府資本主義2

現代に戻り、マリー・ロスバード（一九二六―一九九五）の思想を取り上げます。ロスバードはニューヨーク生まれのアメリカ人。コロンビア大学で経済学を専攻し、経済学者ルートヴィッヒ・フォン・ミーゼス（一八八一―一九七三）の影響を受け、オーストリア学派の立場から、政府による市場への介入を厳しく批判する論陣を張ったことで知られています。以下で見るように、ロスバードの無政府資本主義（アナルコ・キャピタリズム）は、私的所有権を根本価値とする思想です。

ロスバードは、『自由の倫理学――リバタリアニズムの理論体系』（一九八二年）で「クルーソー社会哲学」と名付けられた思考実験において、財産権を正当化しました。無人島に上陸し、記憶喪失に陥ったクルーソー（誰でもありうる個人）が、どのようにしていかなる秩序を形成していくのかが問われます。クルーソーは無人島で「事物が世界で機能するあり方に関する**自然法**を学習」し、「自由意志」と「自己所有」という二つの「自然的事実」を発見するのです。

個々の人間は、彼自身の意識を内観する際、同時に彼の自由という原初的な自然的事実をも発見しているのである。すなわち彼の選択の自由、ある主体に対し彼の理性を用いる、あるいは用いない自由、を。要するに、彼の「自由意志」という自然的事実をである。彼はまた、彼の心が彼の肉体とその活動を統御するという自然的事実をも発見する。すなわちそれは彼が彼自身を自然的に所有するという自然的事実である……人間とその生存の仕方に関する決定的に大きな、また人間だけに特有の事実とは――彼の意識、彼の自由意志と自由選択、彼の理性の能力、外的世界と彼自身に関する自然法を学習する必要性、彼の自己所有権、自然の与えた物質を消費可能な形態に変更することで「生産」する必要――これら全てが人間の本性とは何か、いかにして人間が生存し繁栄するかの中に包摂されているのである。（ロスバード『自由の倫理学』、ゴチック体は原訳書）

ロスバードの人間本性論にもとづくこの二つの「自然的事実」によって、「彼の労働をその土地に混ぜ込んだ」ことによる財産権の形成が正当化されます。

ロスバードは各人の身体に対する財産権を認めているので、自己所有に関する説明の部分はロックと異なるものの、労働混合説による所有権の開始に関する説明は同じです。その自然権的な財産権に関する理論では、あらゆる規範がこの「自然的事実」から導き出されることになり、得られた財産（資本）はすべてその増殖分も含めて私的所有物となるのです。

このように、財産権を基盤とするロスバードの思想において、個人の自由の解釈は、リベラリズムとだいぶ異なります。ロールズが掲げる「基本的諸自由」を思い出してみましょう。ロールズは「正義もしくは（ある言い回しを借りれば）〈自然権〉に基づいた不可侵なるもの」として、「基本的諸自由」を位置付けていました。言論の自由はその一例です。

しかしロスバードからすると、個人の自由は財産権にもとづくものです。したがって言論の自由について言えば、「要するに人は、「言論の自由の権利」を持っているのではない。彼が本当に持っているのは、ホールを借り、そこに入ってきた人々に演説する権利である」ということになります。ホールを借りるという契約の自由の権利があること、あるいはそもそもホールを所有する権利があること、こうしたものが個人の自由であって、はじめに言論の自由があるのではない、というのです。

課税は国家による窃盗――無政府資本主義3

ロスバードは、クルーソーが無人島で自由気ままに一人暮らしを続けることを、許しませんでした。わざわざフライデー（誰でもありうる個人）を登場させるのです。「あらゆるリバタリアンは、社会で生きること及び社会的分業に参加することに、必要性と大きな便宜を認めてきた」として、人間は「社会的動物」であるというのです。そのため「社会の必要」は認められるのですが、「国家の必要」は飛躍として否定されます。国家は道徳的に不正だと考えられているからです。曰く国家とは、

（a）物理的強制（課税）によって収入を得ている
（b）所与の領土上における実力と最終的意思決定権力の強制的独占を達成している

という二つの特性を有している組織であるか、いずれか一つの特性を有する組織として定義されています。そのような国家は本質的に、「その被治者の正当な私的所有（自己所有も含む）権の犯罪的侵害と強奪を必然的に構成する」ものとされています。

なぜでしょうか。まず（a）について。ロスバードは個人の財産権の侵害という観点から、課税は国家による個人の財産の強制的没収、要するに窃盗であると判断しています。国家は「課税‐窃盗という制度化された大規模なシステムによって存在する強制的な犯罪組織」なのです。次に（b）について。ロスバードは、その地表のすべてを所有しているとは主張で

きない国家が、その土地領域内の防衛・司法サービスを強制独占しているのは不正だと考えています。というのも個人の財産権には、防衛・司法サービスを自発的に購入したり販売したりする自由への権利が含まれるからです。

かくして、ロスバードは次のように主張します。

国家は強制的に取りたてた国庫収入を、本来のサーヴィスを大衆に非効率的な仕方で独占的に供給するために用いるだけでなく、搾取され苦しめられている被治者の犠牲の上に自らの権力を築きあげるためにも用いる。すなわち、大衆から得た所得と富を自らとその同盟者に再分配し、その領土内の住民を統制し、命令し、強制する。従って、真に自由な社会、すなわち身体と財産への個人的権利が守られている社会においては、国家は必然的に存在しなくなるだろう……同時に、国家が拙劣に行ってきた本来的サーヴィスは、自由競争と、消費者個々人の自発的な支払いに開かれるようになるだろう。（ロスバード『自由の倫理学』）

現代国家が果たしている機能をすべて民営化できるかどうかは、熟考しなければならないところです。ロスバードは、「国家を必要とすると通常考えられているサーヴィスはどれも

——貨幣の鋳造から、身体と財産の権利を守るための治安維持から、法の発展まで——、私人によってはるかに効率的に、そして確実に道徳的に供給されうるし、また供給されてきた」と述べていますが、その実証は伴っていません。たしかに日本でも、鉄道や郵便局は民営化されました。水道も民営化されようとしています。国家権力の業務の一部は民間に委託されています。しかしなお、これらの業務全体を管理しているのは国家です。もしたとえば警察業務のすべてが民営化されてしまったら、警備会社と警察組織の区別がつかなくなってしまいます。警備会社に無くて警察に有るもの、それは公共性です。現代社会においてこの公共性を担保するものが、民主主義なのです。

ノージック——最小国家論1

ハーバード大学の哲学科でロールズと同僚だったロバート・ノージック（一九三八—二〇〇二）は、ロスバードと同様に自己所有権を出発点としながらも、「最小国家」の必然性を論じています。ニューヨークのロシア系ユダヤ教徒の家庭に生まれたノージックは、コロンビア大学時代に社会主義に傾倒し、プリンストンの大学院時代にリバタリアニズムに転向しました。「様々な論議と考察によって、私は嫌々ながら、自由尊重主義的（libertarian）——と今では呼ばれることが多い——見解を支持するようになっていったのである」という告白が、『アナーキー・国家・ユートピア』の序にあります。この本は一九七五年の全米図書賞（科学・哲学・宗教部門）を受賞していますので、ロールズの『正義論』と同じく、一般書としても広く読まれたことが窺えます（なお、ノージックの二冊目の著作『考えることを考える』は、一九八二年に、ロールズが『正義論』で受賞したファイ・ベータ・カッパ・ラルフ・ウォルドー・エマソン賞を受賞しています）。

ノージックは「最小国家」の魅力を力説しています。最小国家とは、その業務を、暴力、盗み、詐欺からの保護、契約の執行などに限定した夜警国家のような国家のことです。それ以上のことを行う国家は「拡張国家」であり、どのような拡張国家も諸個人の権利を侵害するため、正義にもとるとされます。したがって国家は第一に、市民に他者を扶助させることを目的として、その強制装置を使用することができません。税制度や社会保障制度を通じた所得の再分配は不正になります。第二に、人びとの活動を、彼ら自身の福利（幸福）のために禁止することを目的として、その強制装置を使用することも不正とされます。危険なスポーツはもとより、快楽目的の麻薬も、禁止されてはならないのです。当然ながら、ロールズ正義論が示唆する国家も拡張国家として批判の対象となります。

ノージックの思考実験――最小国家論2

なぜ最小国家が正しいと言えるのか。ノージックはロック的な自然状態を出発点とする理論展開を行います。

ノージックによれば、ロック的な自然状態の諸個人は、自然権（生命、自由、財産への権利）を笠《かさ》に私闘を繰り広げています。各人は自分で自分の自然権を防衛し、賠償を取り立て、処罰を行っています。ホッブズ的な「万人の万人に対する闘争」状態です。そこに数人による〈保護協会〉が生成します。そうして複数できた〈保護協会〉のなかから〈支配的保護協会〉が生成します。地理的区域内で、不正に対する報復や、賠償の取り立てを、独占するのです。

この〈支配的保護協会〉は――多少の論理の飛躍があるように思うのですが――防衛、取り立て、処罰といった実力行使の独占の必要性から、その権利を主張できる〈超最小国家〉に変容します。この国家は、自然権の保護とそれにかかわる執行のサービスを、その保険証券を購入した人びとのみに提供します。しかしそれでは、保険証券を購入しない人びと（ノージックの用語では「独立人」）はサービスを受けられません。独占しているにもかかわらず、全員に対するサービスを提供しない〈超最小国家〉は道徳的に許容できないという理由で、別の形態の国家への移行が生じます。それが〈最小国家〉です。〈最小国家〉において人びとは、国家が提供する「暴力、盗み、詐欺からの保護、契約の執行などのサービス」への対価としてコストを負担しますが、「独立人」の（サービスを受けないという）自由は奪うことになります。しかし全員を同じ枠に入れる必要があるため、「独立人」の自由を奪うことへの賠償として、「独立人」へのサービスにかかる金銭コストを、それ以外の人びとが負担するのです。これは再分配ではないと考えられています。

このような流れで自然状態から国家が自生的に生成するというシナリオを、ノージックはスミスにちなんで「見えざる手説明」と呼んでいます。

保有物の正義——最小国家論3

ノージックが道徳的なお墨付きを与える最小国家。そこにおける正義は「保有物の正義」です。誰かが何かを正当に保有する条件の正しさのことであり、三種類の正義によって段階的に説明されます。

第一の「獲得の正義」——ある物を原始取得した人にその物に対する権原がある。権原は法律に明記されていなくても存在する資格のようなもので、ある物に対する正当な権利要求の源泉となります。原始取得とは、それ以前に誰にも所有されたことがない物をはじめて所有する、という意味です。

第二の「移転の正義」――ある物に対する権原をもつ人から、随意交換や贈与によってその物を得た人は、その物に対する権原をもつ。これは現代社会で広く受容されている方法です。

第三の「匡正《きょうせい》の正義」――獲得の正義と移転の正義の場合を除いて、物に対する権原をもつ人はいない。よってこの二種類以外の方法によって物を保有することは不正であり、処罰の対象となります。

この「保有物の正義」が達成されていれば、人びとの間にどんな社会的・経済的不平等があろうとも問題ではないというのが、ノージックの主張です。そのためロールズの「格差原理」のような何らかの状態を達成するための分配的正義の原理は、まさに正義にもとる原理であると判断されるのです。

誰かの労働の結果を没収することは、彼から時間を没収し、彼に指示して様々の活動を行わせることと同等である。もし人々があなたを強制して、一定時間特定の仕事または報酬ぬきの仕事をさせるなら、彼らは、あなたが何をすべきかと、あなたの仕事が何の目的に奉仕すべきかとを、あなたの決定と別に決定することになる。彼らがこの決定権をあなたから奪うこの過程で、彼らはあなたの部分所有者（*part-owner*）となり、彼らは

> あなたの内に彼らの所有権を得る。（ノージック『アナーキー・国家・ユートピア』、以下傍点は原訳書）

現代的リベラリズムが指し示すとされる〈拡張国家〉は、「古典的自由主義における自己所有権の概念から他の人々に対する（部分的）所有権の概念への移行を含意している」として、否定されます。

ただしノージックは「ロック的但し書き」を踏襲しているので、「保有物の正義」のかかる対象として私的所有に供され交換・贈与されてゆく物は、意外と少ないことになるのかもしれません。なんでもかんでも原始取得できるわけではないことを、ノージックは次のように述べています。

> もし私がコニーアイランドの砂を一粒自分のものにすれば、他の者は誰も、その砂粒で思いどおりのことができなくなる。しかし、彼らが同じ事をするのに使える砂は、他に沢山残っている……決定的なのは、ある無主物の専有（appropriation）が、他の人々の情況を悪化させるかどうかである。（ノージック『アナーキー・国家・ユートピア』）

またノージックは、後年の『生のなかの螺旋《らせん》——自己と人生のダイアローグ』（一九八九年）というエッセイ集で、親の介護をするまでに年齢を刻んだ哲学者（自分）の観点から、遺贈を制限する可能性について言及しています。遺贈は、親子の絆《きずな》のような強い結びつきがあるなかでこそ意味をもつのであり、幾世代にもわたって遺産が遺贈され続けることの結果として生じる「富や地位の不公平」は「正しいとは思われない」のだそうです。子の親となり、親の介護者となる過程で、ノージックの正義感覚に変化が生じたのかもしれません。

左派リバタリアニズム

福祉国家型の事後的な再分配は否定するものの、初期所有の平等を求める種類のリバタリアニズムもあります。「左派リバタリアニズム」という名称で知られる立場です。代表的な左派リバタリアンの法哲学者ヒレル・スタイナー（一九四二—）は、『権利論——レフト・リバタリアニズム宣言』（一九九四年）のなかで、正義の「素粒子」を諸権利とし、権利から出発して正義を構想しています。具体的には「自己所有権とそこから派生した権利」と「無主物の平等な取り分に対する権利」です。これらは「原初の」財産権と呼ばれています。諸個人は無主の自然資源に自己の労働を加えずとも、それに対する平等な権利を有するというアイデアです。この原初の財産権こそが、人間が「最初に持つ自由の領域、私たちに最初に配分される行為空間」を形成すると考えられています。

すべての人に、無主物の平等な取り分に対する権原がある。したがって、平等な取り分よりもたくさん所有した人（言わば「取りすぎた人」）は……賠償義務を負う……取りすぎた人たちが負う賠償総額は、彼らが取りすぎた総量に等しい。この賠償総額を**基金**と見なして、取らなさすぎた人は基金に対して正当な請求権をもつと考えると、分かりよいだろう。（『権利論』、ゴチック体は原訳書）

人間にはそもそも、原初的に無主の物と（放棄や人の死亡によって）無主になった物への平等な取り分がある。この平等な取り分をベースラインとして、初期所有の不平等を定期的に是正する。その方法が賠償です。定期的な是正が必要なのは、自由市場における自由な経済活動によって人びとの間に経済的格差が生じるからです。

このようにスタイナーの構想では、人びとに「自己所有権とそこから派生した権利」はあるものの、外的な物に対する私的所有権は——ロスバードやノージックの場合と比べて——相当に制限されます。遺贈による所有権の移転が否定されることもあって、世代をまたぐような資本蓄積には寄与しないのです（スタイナーは、生殖細胞系の遺伝情報への平等な取り分についても論じていますが、議論が複雑になるので、ここでは割愛します）。

こうして「自己所有権とそこから派生した権利」に加えて、「無主物の平等な取り分に対する権利」を個人の財産権としたことが、スタイナーが「左派リバタリアン」と呼ばれる所以《ゆえん》です。スタイナーはこの財産権を全世界的（グローバル）なものとしていますが、その具体的な構想はコスモポリタニズムを扱う第五章で紹介します。

福祉リバタリアニズム

現代のリバタリアンのなかには、かなりリベラル寄りの論者がいます。たとえば自由市場と社会正義へのコミットメントを標榜し「自己犠牲的リバタリアン（bleeding heart libertarians）」という名称のブログを運営しているグループがあります。そこでは、社会的ミニマムを達成するための社会保険制度や、さらには世界の貧困層を救うための国境開放論も展開されています。このグループの一員であるジョージタウン大学のジェイソン・ブレナン（一九七九―）によれば、この立場は理論上、「十分主義の左派リベラル」とほぼ違わないそうです。なぜでしょうか。その理由をブレナンは、彼らが「現代の古典的リベラル」であること、つまり「ヒューマニスティック」（人道主義的）な古典的リベラリズムに根ざしていることにおいています。

こうなってくるともう何でもありのような気がしてきます。しかし、思い出してください。リバタリアニズムの源流にある古典的リベラリズムは、自己所有権について論じたロックの独壇場ではありませんでした。スミスは「公平な観察者」を胸中に抱く主体からなる自由市場について論じたのでした。古典的リベラリズムには、人間に固有の権利や自己所有権と、（外的な資源に対する）財産権とを抱き合わせにする必然性がなかったとすれば、その延長線上に自由市場と社会正義の両立を唱えるリバタリアンがいてもおかしくありません。

日本を代表するリバタリアンの森村進や橋本祐子の最小福祉国家論も、古典的リベラリズムの潮流にあると言えます。

森村は『財産権の理論』（一九九五年）のなかで、ロック＝ノージック的な「自然権論的リバタリアニズム」を提唱しました。強制的臓器移植への反対意見や妊娠中絶への賛成意見が多いことに見られるように、大多数の人びとが〈自分の身体への排他的な支配権〉という自己所有権テーゼを受け入れていることが明らかであるとして、「いかなる道徳においても、その基盤として、自己支配権とそれを体現した基本的自由が各個人に認められなければならない」と論じています。

しかし、そのリバタリアニズムは「自己所有権を重視はするが、それ以外にも、福祉への権利や功利主義的考慮を取り入れるもの」とされていました。二〇〇一年の『自由はどこまで可能か』では、「自己所有権だけが自然権ではないと考えて、人道主義的な考慮から最低限の生存権も認める方が自然だろう」という主張や、より最近の論文では最小福祉国家の運営費としての「没収的相続税」の提案がなされています。

橋本の最小福祉国家論も同様です。最小福祉国家を「最小限度の生活保障は認めるが所得格差の是正それ自体を目的とした再分配は認めない国家」として定義する橋本は、リバタリアニズムを次のように説明しています。

基本的にリバタリアニズムは、個人の自由を最も重要視する立場から、自己所有権、私有財産権、自由市場を擁護し、それらを侵害するものとして政府の介入に反対する考え方である。また、市場で生じた富の不平等を事後的な再分配によって是正しようとする社会的正義の観念は厳しく批判され、その代わりに一般的ルールや手続の遵守自体に価値を認める手続的正義の観念が重視される。（『リバタリアニズムと最小福祉国家』）

しかし、最小限度の生活レベルを超える部分の格差を是正するための再分配は認められないとしつつも、社会的ミニマムの充足を最小福祉国家の目標とする福祉リバタリアニズムは、「穏健なリバタリアニズムとも呼ばれる古典的自由主義（classical liberalism）の考え方」（橋本）にもとづくものであり、十分主義的に解釈した場合のロールズ流のリベラリズムに、かなり近接しているとも言えます。

3　「森の生活」——もうひとつの可能性

ここで、個人の自由と権利をリベラリズム以上に尊重するというリバタリアニズムの立ち位置に着目して、たとえば誰かの「森の生活」を可能にするような正義の構想がリバタリアニズムに可能なのかどうかを、見てみたいと思います。

ソローの森の生活

先に述べたように、ロールズとノージックが受賞したファイ・ベータ・カッパ・ラルフ・ウォルドー・エマソン賞は、思想家エマソン（一八〇三―一八八二）の名を冠しています。このエマソンに共鳴し、仲間と共に「超越主義」と称される思想を形成したのがヘンリー・デイヴィッド・ソロー（一八一七―一八六二）。ソローはマサチューセッツ州コンコードにあるウォールデン湖畔に小屋を建て、魚を釣り畑で作物を栽培し、二年余りにわたる自足生活を送りました。その理由をソローは次のように述べています。

物にあふれた文明社会に生きる私たちも、未開の辺境の生活を経験すれば、本当に必要な物は何かを自分で知ることができます。それに、もっと素晴らしいことに、本当に必要な物を自分で手に入れる方法も習得できます……私がここで言う生活に必須な物とは、人間が自力で手に入れられる物のうち、人間の歴史の始めからか、あるいはきわめて長期にわたって使われているうちに大きな意味を持つようになり、未開人でも、貧乏な人でも、哲学者でも、それなしでは生きられない〝物〟を指しています……私たち人間の〝生活に必須な物〟といったらどうでしょう。食物と避難場所（住居）に加え、衣服と燃料という四つの項目を挙げなければなりません。人は、これら四つの〝生活に必須な物〟を手に入れて初めて、生活の次の段階の問題を考える用意ができます。そして、人として生きる自由を得て、暮らしの展望が開けます。（『ウォールデン　森の生活』、傍点は原訳書）

自然の豊かさと厳しさについて語ったソローは、ナチュラリスト（自然愛好家）として知られていますが、他方で、市民的不服従を実践した人物としても知られています。『一市民の反抗』（一八四九年）にあるように、ソローは奴隷制度と当時の政府の活動（メキシコ戦争）

に反対して、納税を拒否し、投獄されました。正当な理由がある場合には、政府の要求を拒否してもよいという、エマソンから続く自己信頼の思想の実践です。ソローは市民的不服従という理念の先駆的実践者として、インドのガンディー首相やアメリカのキング牧師に影響を与えました。ロールズも『正義論』で、市民的不服従と良心的拒否に関する議論においてソローに言及しています。

現代アメリカの隠者

現代では、ソローのような生活をすることは容易ではありません。ところが二〇一三年、「最後の真の隠者」が、アメリカのメイン州の湖畔で発見――正確には窃盗の罪で逮捕――されました。逮捕されたのは一九六五年生まれのクリストファー・ナイト。メイン州出身のナイトは、高校を卒業してコンピュータ関係の仕事をしていましたが、二〇歳のときに失踪し、森に入ります。湖畔の近くの誰かの私有地にキャンプを張り、湖畔周囲のキャビンやキャンプ場の施設から生活必需品（食料、衣服、ガスボンベ、電池、マットレス、ナップザック、石鹸《せっけん》など）と娯楽品（酒、ゲーム、本、雑誌など）を盗んで、二七年間、一人で規則正しく生活していました。

この間にハイカーとすれ違うことが一度、雪遊びをしている釣り人家族と出くわしたことが一度あるだけでした。メイン州の冬は非常に厳しく、瞑想《めいそう》を通じて寒さと飢えをしのぎ、孤独な日々を過ごしていたそうです。このように本当に孤独で自然と一体化した生活をしていたため、ときおり知人の夕食会に招かれて社交していたソローと比較して、「最後の真の隠者」と評されています。

逮捕後ナイトは収監され、七ヵ月の懲役刑と、一五〇〇ドルの罰金刑を受けました。当初は盗みに入ることに抵抗があったそうですが、ハイキングなどで道に迷ったときは一時的に物を盗《と》っても許されるという高校の授業での話を思い出して、道徳心の辻褄《つじつま》を合わせたようです。被害者の反応はさまざまで、また全米からは、ナイトにお金や土地を提供しようとする人びとも現れました。犯罪者であるナイトに対してこのような反応が生じたのは、森のなかで孤独に生きることへの憧れと理解があるからです。

なぜナイトは森に入ったのでしょうか。ナイトへのインタヴューを重ね、二〇一七年に彼の伝記を刊行したマイケル・フィンケルによれば、隠者には「抵抗者」「殉教者」「追求者」の三種類があります。「抵抗者」は消費文化、環境汚染、戦争などへの嫌悪から世界に抵抗している人びと。ルソーや老子が例として挙げられています。日本における「ひきこもり」もこの類型に入れられており、(根拠は不明ですが)約一〇〇万人いると言われています。「殉教者」は数では一番多いタイプで、イエス、釈迦《しゃか》、ムハンマド、そして中世の独居修道士なども含まれます。「追求者」は最も現代的なタイプで、自由な芸術的活動、科学的洞察、深遠な自己理解を追求する人びと。哲学者、科学者、小説家などです。ナイトはこの三つのタイプのどれにもあてはまらないというのがフィンケルの見解です。ナイトはなんの計画もなく、ただ単に、世界に完全に背を向けたのでした。

古代ローマの哲学者・政治家であったキケロ（前一〇六―前四三）は『義務について』のなかで、当時のローマ世界で「国民のすることにも指導者たちのすることにも耐えられ」ず、平静を求めて公務から退いた人びとについて次のように述べています。「こうした人々が目指したのは王侯と同じである。すなわち、足りないものがないように、誰にも従わなくてすむように、自由を享受することであった。欲するとおりに生きることが自由の特性だからである」。ナイトもただ、欲するとおりに森に入ったのです。

しかし森は静寂なだけではありません。メイン州の冬は非常に厳しく、ナイトは幾度となく死を覚悟したそうです。それでも彼は森を出ることはなく、ついには「自分というものから完全に自由になった」と述べています。「孤独は私の知覚を高めた。だが厄介なことに、この研ぎ澄まされた知覚を自分に向けると、自分のアイデンティティが消え失《う》せてしまった。観衆はいない。演じて見せる相手はいない。自分を定義する必要はなかった。自己は消え失せたのだ」とも述べています。

森と自分の境界がなくなり、自分の名前は失われた——その境地がどのようなものであるのかはわかりません。ただ、ナイトは逮捕されなければ、そのままの生活を続けるつもりでした。また、同じように森のなかでの孤独を愛するフィンケルに言わせれば、ナイトは逮捕されなければ、自然のなかで朽ち果てて、「まったく完全な」人生を送れたのかもしれません。フィンケルは、刑期を終え兄弟のもとで仕事をするようになったナイトのもとを訪れ、こちらの世界での不自由に苦しんでいる彼に同情し、小屋を買って彼に提供しようとしたくらいですから、ナイトに相当入れ込んでの見解だと思いますが……。

ユートピアのための枠

現代人は全員に「十分に善きもの」が残された森に帰ることはできません。それでもなお、誰かの「森の生活」を可能にするような社会の構想を追求したいという欲求にかられる人もいるでしょう。ノージックが『アナーキー・国家・ユートピア』で論じた「ユートピアのための枠」は、そのような生活を許容するのかもしれません。

ユートピアは、複数のユートピアのための枠であって、そこで人々は自由に随意的に結合して理想的コミュニティーの中で自分自身の善き生のヴィジョンを追求しそれを実現しようとするが、そこでは誰も自分のユートピアのヴィジョンを他人に押し付けることはできない、そういう場所なのである。（『アナーキー・国家・ユートピア』）

最小国家は道徳的に正当であるのみならず、ユートピアでもありうる——ノージックからすれば、最小国家は諸個人の生き方の自由を最大限に尊重するための枠を提供するものでした。その枠のなかの理想的コミュニティが単数の「独立人」から構成される場合も考えられるでしょう。森の静寂のなかで一人になり、思索に耽《ふけ》る。国家や社会に縛られずに、自然の一部としてシンプルに生きる。もしナイトが、（左派リバタリアニズムの正義構想にあるような）初期所有の平等によって、キャンプ生活をするための土地と、生活必需品と多少の娯楽品を交換によって手に入れるための自然資源を有していたならば、彼は犯罪者にならずに済んだかもしれません。ノージックの正義構想は、ナイトのようにロールズ流の社会的協働を望まない人にも、居場所を与えてくれそうです。

本章で見たように、リバタリアニズムは古典的リベラリズムの潮流にある思想であり、その意義は国家という存在の意義を問い続けることにあります。個人の自由および権利と社会的ミニマムの保障を、国家の存在に捕われずに構想すること、そして個人の幸福のあり方に対して、リベラリズム以上に寛容であること――これらがリバタリアニズムの可能性であると言えるでしょう。

第三章　共同体における善い生
――コミュニタリアニズム

結末が閉じられていないとしても、私の人生の物語は、私のアイデンティティが導出される、そのようなコミュニティ――家族であれ都市であれ、部族であれ国家であれ、政党であれ大義であれ――の物語のなかにつねに埋め込まれている。コミュニタリアンの見解では、このような物語によって、たんに心理学的相違ではなく、道徳的相違がもたらされる。その物語によって、われわれはこの世界に状況づけられ、われわれの生活に道徳的な固有性が与えられる。（サンデル『リベラリズムと正義の限界』）

一九八〇年代から一九九〇年代かけて、いわゆる「リベラル - コミュニタリアン論争」が繰り広げられました。サンデルをはじめとするコミュニタリアン（共同体主義者）は、広義のリベラリズム（リバタリアニズムを含む）では人びとの善い生を可能にする正義は構想できないと主張します。また、人びとの生活に固有の道徳性を与えるとされる共同体の物語に則った政治によって、善い生を再興させるべきだと主張します。これらは一見すると個人の自由を奪うものであるかのようです。しかし、本章で見るように、コミュニタリアンの議論は保守的ではありますが、福祉政策を否定するものではなく、また国境を越える人類共同体における善い生についても語りうる可能性を秘めるものとなっています。

1　サンデルと「共通善にもとづく政治」

サンデルはコミュニタリアン

本書の「まえがき」で紹介したように、正義を日本人にとって身近なものとしてくれたのは、二〇一〇年のブームを起こしたマイケル・サンデル（一九五三―）です。

サンデルはアメリカのミネソタ州ミネアポリスの生まれで、一三歳のときに家族でカリフォルニア州ロサンゼルスに引っ越しました。地元の公立学校を卒業後、マサチューセッツ州ボストン近郊にあるブランダイス大学に入学し、政治学を学びます。ブランダイス大学は一九四八年にユダヤ教徒の出資によって設立されたリベラル・アーツ系の大学。ヨーロッパからの亡命ユダヤ人やその子どもたちが集まり、戦後アメリカのアカデミズムの形成に深く関与してきました。

サンデル

卒業後は、ローズ奨学金を得てオックスフォード大学に留学し、チャールズ・テイラー（一九三一―）の指導のもと、博士の学位を取得しました。テイラーはケベック州モントリオール出身のカナダ人ですが、マギール大学卒業後、やはりローズ奨学金を得てオックスフォード大学へ留学し、アイザイア・バーリン（一九〇九―一九九七）の指導のもとで博士号を取得し、当時はオックスフォード大学で教鞭《きょうべん》をとっていました。

テレビ放映された「ハーバード白熱教室」や「究極の選択」シリーズなどでは、正義に関する議論を導く優れたナビゲーターとしての側面がクローズアップされていたサンデル。では、彼の正義構想それ自体は、どのようなものでしょうか。本章ではサンデルをコミュニタリアンの一人として取り上げることにします。

コミュニタリアニズム（共同体主義）は、「共同体」を重視する立場から、ロールズに代表されるリベラリズムを批判する立場です。サンデルは、師匠のテイラー、本章で取り上げるアラスデア・マッキンタイアとマイケル・ウォルツァーらとともに、「コミュニタリアニズムの四天王」の一人にかぞえられています。このカテゴリーに収められた哲学者の思想は決して一枚岩ではありません。しかし、現代社会のさまざまな問題を理解・解決するために共同体を持ち出している点で一致しています。

サンデルのロールズ批判

サンデルは、オックスフォード大学での研究成果を、一九八二年に『リベラリズムと正義の限界』として発表しました。これはサンデルのデビュー作で、ロールズ批判の書です。ロールズの原初状態におかれた当事者たちを思い出してみましょう。当事者たちは自分が誰であるかを知りません。だからこそ「公正としての正義」を編み出せると考えられています。

しかしサンデルによると、そもそもどの目的（善）からも独立した自我を想定して正義を考えることは誤りであり、それによって正当化される正義（正）は意味をもたない。想定されるべきは「負荷なき自我」ではなく、特定の共同体のなかで特定の生を生きている人間、つまり共同体のなかでアイデンティティを形成し、人生に意味を付与している「位置付けられた自我」だというのです。

ロールズは（抽象的で普遍的な）「正」を（具体的で特殊的な）「善」に優先させている――サンデルはこの「善」に対する「正」の優先とされるものを、リベラリズムに特有のものとして批判したのでした。もちろんサンデルは、ロールズ正義論が掲げる「平等な基本的諸自由」や「基本財」への人びとの権利を否定しているのではありません。サンデルが問題視しているのは、人びとの自由や権利を特定する正義原理がいかなる善い生の構想にも依拠しないということがはたしてありうるのか、という点です。これについてサンデルは、『リベラリズムと正義の限界』の第二版の附論《ふろん》で、次のようにまとめています。

正の優先に異論を唱える者は、正義は善に相関的であり、それから独立していないと論じる。哲学的問題としては、正義に関する反省は、善き生の本性や最高度の人間の目的に関する反省から切り離すことが、道理にかなった仕方ではできないことがある。政治問題としては、正義や権利に関する熟議は、このような熟議が行われるための前提である、多くの文化や伝統において、表現されている善の構想と関連させられなければ、継続していくことができないのである。(サンデル『リベラリズムと正義の限界』)

ロールズが想定しているのは文化や伝統などの文脈をもたない「負荷なき自我」である。だが実際の自我は特定の文脈のなかで自分が何者であるのかを解釈する「位置付けられた自我」である。このことを踏まえていない正義構想には限界がある――サンデルのコミュニタリアニズムは、この告発からスタートしています。

「共通善にもとづく政治」の提唱

とはいえ、こと福祉政策にかかわる正義の問題に関して言えば、サンデルは(ノージック流のリバタリアンではないという意味で)リベラルです。人びとの社会的最低限の暮らしを保障するという意味での福祉国家を支持しているからです。したがって、サンデルのコミュニタリアンとしてのオリジナリティは「共通善にもとづく政治」の提唱において発揮されます。「共通善」は読んで字の如《ごと》し「みんなにとって善いこと」であり、サンデルはこれを「全体への配慮」と近い意味で用いています。ベストセラーとなった『これからの「正義」の話をしよう』の第一〇章が、「共通善にもとづく政治」のテーマを四つに絞り解説していますので、以下でその要旨をレジュメ的にまとめます。

・第一に、共通善への献身を市民のうちに育てる方法としての実践的な公民教育。正義にかなった社会の達成には連帯と相互責任の意識を育てる必要があるため、ナショナル・サービス（青年による一定期間の社会奉仕活動など）を国民の義務とすることが望ましい。
・第二に、兵役、妊娠・出産、教育、臓器移植、市民権など、「お金では買えないもの」である可能性のある事物の市場取引の制限。こうした事物を自由な市場取引の対象としてよいのかについて、道徳的な判断が下せる政治が求められている。
・第三に、連帯とコミュニティ意識の育成へ向けた学校、公園、交通手段、病院、図書館などの市民生活の基盤の再構築。アメリカでは貧富の差が拡大し、住区を塀などで囲み、ゲートを設けるゲーテッド・コミュニティのような住み分けが進み、公共の施設とサービスが劣化し、それによって民主的な市民生活を支える連帯とコミュニティ意識を育むことが困難になっている。そのため富裕層への課税を増やし、富裕層も公共の施設やサービスを利用するように仕向ける必要がある。
・第四に、善い生の問題への政治の関与。道徳や宗教に関する争いを回避しようとすることは、道徳や宗教に関する信念に偽りの敬意を表すものであるに過ぎず、抑圧を意味したり、公共的言説の貧困化を招いたりすることになる。相異なる道徳や宗教の見解がもたらす道徳的不一致に、政治と法律が今以上に対峙《たいじ》する必要がある。

こうしてみると、サンデルが提唱する「共通善にもとづく政治」は、国家を外延とする共同体の物語をみなで守り育んでいこうという、共和主義的な政治であることがわかります。

「中立性」批判

ここでは第四のテーマに絞って検討したいと思います。前段として、政治の「中立性」について。「リベラル－コミュニタリアン論争」では、リベラリズムの「価値中立性」が、コミュニタリアンからの批判を浴びました。曰く、リベラリズムは善い生を個人的選択の問題としており、中立を気取っている、と。サンデルは中立性を標榜する国家を、「善い生」とは何であるかを問わずに手続きの確かさだけを追求する「手続き的共和国」であると批判しています。政治はアリストテレスの目的論に倣って、諸制度をその目的に照らして評価するのが正しいと言うのです（サンデル『民主政の不満』）。ただし、リベラリズムは社会的最低限の暮らしを保障するものであり、またロールズが「基本財」を正当化するに際して「アリストテレス的な原理」あるいは「希薄な善の理論」を持ち出したことを踏まえるならば、リベラリズムが本当に中立性を標榜しているかどうかは、実際には程度問題となります。

さて、善い生への政治の関与に話を戻します。サンデルは政治がもっと介入すべき「道徳的不一致」の事例として、妊娠中絶、ES細胞研究、同性婚を挙げています。リベラリズムはこれらを個人的選択の問題としていますが、キリスト教の保守派は禁止を訴えてきました。サンデルによれば、政治はこうした問題に対して中立を装うのではなく、活発に議論をし、不一致を解消すべく努めるべきだということになります。しかし彼は、その議論の方向性を、具体的に述べていません。その代わりに、自らの信仰を率直に語り、宗教的内容を含む政治的言説を提示しているオバマ大統領を評価しています。孫引きになりますが、サンデルが紹介しているオバマ大統領の演説の一部は次のとおりです。

政教分離主義者たちが信仰を持つ人に、公共の場に出るときは宗教から離れるよう求めるのは間違っています。フレデリック・ダグラス、エイブラハム・リンカーン、ウィリアム・ジェニングス・ブライアン、ドロシー・デイ、マーティン・ルーサー・キングをはじめ、アメリカ史上の偉大な改革者の大半は、信仰によって動機づけられただけでなく、宗教的な言葉を繰り返し用いてみずからの大義を説いたのです。したがって、「個人的道徳」を公的な政策論争に持ち込むべからずと言うのは、非現実的でばかげています。わが国の法律は、その定義からして、道徳を法典化したものであり、道徳の大部分はユダヤ教とキリスト教の伝統に基づいているのです。（サンデル『これからの「正義」の話をしよう』）

政治家であるオバマ大統領は、有権者の方を見て発言しています。では、サンデルはその演説の評価を通じて、何を示唆しているのでしょうか。

道徳や宗教に関する信念が多様な社会において、信念間の衝突回避に政治が取り組むことは、平和的共存のために必要です。ただしその政治は、多様な声を拾い上げ、対話を促すことに力点をおくべきであり、伝統に権威を与えるものであってはならないと思われます。アメリカ合衆国においてユダヤ＝キリスト教の道徳は伝統的な多数派であるかもしれませんが、多様な声のひとつであることに変わりありません。そのなかで有力者がユダヤ＝キリスト教にもとづく道徳を「個人的道徳」として語るとすれば、有力者の多数がユダヤ＝キリスト教徒である以上、活発な議論が向かう先は、ユダヤ＝キリスト教の道徳の枠に収まるものとなりそうです。

ただしサンデルは、「共通善にもとづく政治」の道徳的判断の拠り所は特定の宗教ではないとしており、また人びとのあいだの道徳的不一致が避けられないこと、そしてそのような不一致を受け入れることのできる公共文化の必要性を説いていますので、大文字の善い生

（たった一つの幸福のあり方）ではなく小文字の善い生（さまざまな幸福のあり方）を承認する考えを持っていると言えます。

ロールズ正義論への影響

サンデルをはじめとするコミュニタリアンからのリベラリズム批判には影響力があり、ロールズもその存在を無視できませんでした。

ロールズには一九九三年に刊行された『政治的リベラリズム』（拡充版は一九九六年）という著作があります。これは、『正義論』で提示された正義構想がたった一つのリベラルな善の構想を支持するものであったという反省にもとづいて、それぞれが理にかなっているものの両立不可能な包括的世界観が複数あるという〈穏当な多元状態の事実〉を前提に、「公正としての正義」を構想し直したものです。包括的世界観は、人びとの生の全体をカバーするものであるため包括的と呼ばれます。ロールズは、宗教、哲学、道徳に関するさまざまな包括的世界観が跋扈《ばっこ》する現代社会において、包括的世界観の違いを超えて受け入れうる正義を構想しようとしたのでした。

このヴァージョンアップされた正義構想が「政治的リベラリズム」です。人びとの生の全体をカバーするのではなく、公共的（政治的）事柄にかかわる部分のみをカバーするという意味で、包括的ではなく、政治的なのです。政治的にリベラルな社会では、人びとは私的事柄に関しては各々の包括的世界観に浸っているかもしれませんが、公共的事柄に関しては政治的リベラルとして振る舞います。この練り直された正義構想では、格差原理は異なる善の構想をもつ人びとに対する価値の押し付けになりかねないとして、憲法の必須事項からははずされました。基本財は、人びとが自らの目的を再検討・再調整し、自発的にその分かち合いに資するものになりました。ただし、それ以下では市民が社会に参加することができない物質的・社会的な状態と訓練・教育の水準はなお、国家による保障の対象とされています。

ロールズがこのような軌道修正を行った理由について、チャンドラン・クカサスとフィリップ・ペティットは、ロールズがコミュニタリアンからの批判に応える過程でアメリカ合衆国の政治文化に親和的な諸観念に依拠するようになったためだとしています。しかし、ロールズ自身はそれを打ち消すように、『正義論』よりも「後の論文における変化は、コミュニタリアンや他の論者による批判に応えたものだと言われる。だがそう言う人たちには根拠がないと思われる」と『政治的リベラリズム』の序文で述べています。

では、この軌道修正の真の理由は何か。ロールズは「構想の安定性」という言い分を持ち出しています。正義の構想は、その構想が要求する事柄に対する人びとのモチベーションを確保できなければ安定性に欠ける。『正義論』で提示した「公正としての正義」の要求度は高すぎた、というわけです。

格差原理に関しては、『正義論』以降、経済学者からの指摘を受けて、もはや（最悪の事態での最善策を想定する）マキシミン原理での説明がつかなくなっていました。当事者全員が極度の悲観主義者でない限り、マキシミン原理がかならず採用されるとは言えません。なぜなら自分が最も不遇な立場に陥った場合という、想定上の最悪の結果を考慮して安全策を採ることよりも、自分の運の強さに賭けることを選択する当事者もいるだろうからです。ロールズは一九八五年の論文（"Justice as Fairness: Political not Metaphysical"）のなかで、「『正義論』において、正義の理論を合理的選択理論の一部として叙述してしまったことは、誤りであった」と述べています。それでもなお、「正義の二原理」それ自体は手放しませんでした。『正義論』の英語の改訂版の刊行に時間がかかった理由のひとつかもしれません。

このように、ロールズの軌道修正の原因は彼自身によればコミュニタリアンからの批判への対応ではないようですが、それでもわざわざ断りを入れなければならないほど、コミュニタリアニズムの影響力が強かったことは確かです。

2　共同体の「美徳」を取り戻せ

マッキンタイアの物語論

本章のエピグラフにおいたサンデルの見解は、アラスデア・マッキンタイア（一九二九―）が『美徳なき時代』（一九八一年）で提示した「Xにとって善い」に関する説明を踏まえたものです。

マッキンタイアはイギリスのスコットランド出身。四〇歳のときにアメリカに移住しました。キリスト教のカトリック信者でありながらマルクス主義に傾倒していたため、その二つを接合しようと試みたこともありました。しかし、スターリニズムの悲惨さやカトリック教会の相次ぐ不祥事を受けて、その反動で近代との「哲学的な訣別《けつべつ》」をした人です。

それもあるのか、マッキンタイアは個人主義を近代的なものとして批判し、伝統的秩序を重んじます。というのも善い生には、伝統的秩序における物語が必要だと考えられているからです。

物語という形態が他者の行為を理解するのにふさわしいのは、私たちすべてが自分の人生で物語を生きているからであり、その生きている物語を基にして自分自身の人生を理解するからである。物語は、虚構の場合を除けば、語られる前に生きられているのだ。
（マッキンタイア『美徳なき時代』）

実に印象的な文章ではありませんか。たしかに私たちは他の誰でもない自分の人生を生きています。〈私〉のライフ・ストーリーがあるのです。そして自分が特定の物語を生きているように、他者も特定の物語を生きています。私が自分の物語のなかで自分の人生を理解しているように、他者もその人の物語のなかでその人の人生を理解しているのです。したがって、他者の行為を理解するには、その人が置かれた「物語的な歴史という文脈」を見ることが肝要となります。

マッキンタイア

マッキンタイアはさらに、「Xにとって善い」という説明を持ち出します。

「Xにとって善い」という観念および同族の諸観念は、Xの人生の統一性についてのある考えに基づいて理解できるということである。Xにとって何がより善く、何がより悪いかは、Xの人生に統一性をもたらす理解可能な物語の性格に依るのである。驚くまでもなく、人間の生を統一的に見るそうした考えが欠落しているからこそ、それが元になって、道徳判断の、とりわけ徳あるいは悪徳を個人に帰する判断のもつ事実的性格が、近代では否定されているのだ。（マッキンタイア『美徳なき時代』）

Xにとっての善い生は、その人の人生に統一性をもたらす物語によって決まる――なるほどその物語を提供するのは理性かもしれないし、運命かもしれないし、自然かもしれません。しかし、マッキンタイアはコミュニタリアンです。物語の提供者として彼が持ち出すのは、理性でも運命でも自然でもなく、共同体です。Xにとっての善い生は、その人が属する共同体の伝統のなかにある、というのです。このように人びとの善い生を規定するものとして共同体を理解する点にマッキンタイアのコミュニタリアンらしさが表れています。

〈私〉の人生に統一性をもたらす物語は共同体によって提供されます。そしてその共同体それ自体にも統一性のある物語が必要です。さもなければ、私の人生の物語は不整合なものになってしまうからです。そのためマッキンタイアの構想では、個人の善い生のために、伝統を保守することになります。

そのため、共同体の伝統のなかにある個人の生は、共同体の物語（伝統）における自分の役割をまっとうすることによって善いものとなります。そしてその役割が何であるかを知るためには、アリストテレスが提唱した徳の一つである、フローネシス（実践的知恵）という知性的な徳が必要となります。ここでフィクションの共同体を例にとってみましょう。たとえば田中芳樹の小説『銀河英雄伝説』に登場するヤン・ウェンリーは、歴史学者になることを夢見ていました。しかしその類まれなる軍の指揮官としての才能のため、戦争の現場から引退することを周囲が許さず、本人もその期待に応える選択をします。自分の役割を受け入れ、それをまっとうしたのです。マッキンタイアの「Xにとって善い」説明に照らせば、フローネシスを発揮したヤンは、（それによって早死にし、夢も叶えられず、家庭生活も営めなくなるのですが）善い生を送ったことになります。

ある人にとっての善い生とは、その人が生まれ育った共同体の伝統によって決まる。共同体の物語的秩序における自分の役割を知り、自分の人生に統一性をもたらす選択を行ってゆくことが善い生き方になる。このことは、共同体というコンテクスト（文脈）が喪われている場合には善い生は望めないことを意味すると同時に、コンテクストを共有していない他者の行為についての道徳的判断はできないということも意味します。

ジェーン・オースティンの評価

マッキンタイアはイギリスの小説家ジェーン・オースティン（一七七五―一八一七）を「古典的伝統の最後の代弁者」として高く評価しています。オースティンの作品には熱狂的なファンがいて、夏目漱石も『文学論』（一九〇七年）においてオースティンを以下のように評しています。

Jane Austen は写実の泰斗なり。平凡にして活躍せる文字を草して技神《わざ》に入るの点において、優に鬚眉《しゅび》の大家を凌《しの》ぐ。余いう。Austen を賞翫《しょうがん》するあたわざるものはついに写実の妙味を解しあたわざるものなりと。例を挙《あ》げてこれを証せん。（夏目漱石『文学論』）

証拠として最初に挙げられているのは、オースティンの『高慢と偏見』（一八一三年）の冒頭部分です。しかし、現代正義論の文献でその名前を見ることはほとんどありません。一般的には、恋愛小説家として紹介されています。

しかしマッキンタイアはオースティンを、たとえば次のように評価しています。

ジェーン・オースティンが「幸福」と言うとき、その語り方はアリストテレス的である……C・S・ルイスは彼女の中に本質的にキリスト教的な著述家を見た……ジェーン・オースティンは、こうしてキリスト教の主題とアリストテレス的主題を限定された社会的脈絡の中で結合したからこそ、諸徳についての私が確認しようとしてきた、思考と実践の伝統の、最後の偉大で感銘を与える、そして想像力に富んだ代弁者になったのである。彼女はこうして、一八世紀の競い合う諸徳目録に背を向け、目的論の展望を回復する。彼女の描く女主人公たちは、結婚生活での自分の善を求めることをとおして善そのものを求めている。だからハイベリーとマンスフィールドの限定された世帯は、ギリシアの都市国家と中世の王国の代用物としてはたらくはずなのだ。（マッキンタイア『美徳なき時代』）

オースティン

ハイベリーはオースティンの『エマ』（一八一六年）に登場する村の名前で、マンスフィールドは『マンスフィールド・パーク』（一八一四年）に登場する農園の名前です。『エマ』では、ハイベリーの名家のエマが、傲慢さゆえ失敗を繰り返すも成長し、お金持ちの紳士と結婚します。『マンスフィールド・パーク』では、マンスフィールドにある貴族の館に引き取られたファニーが、境遇とその引っ込み思案な性格ゆえに苦労しつつも成長し、お金持ちの紳士と結婚します。女主人公たちはそれぞれに性格が違い、多少の癖があっても、真面目《まじめ》でいい人たちです。しかしながら、その性別ゆえに相続権を持たず、またその社会的地位ゆえに労働者になることもできないため、よりよい条件での結婚が目的とされる共同体に生きているのです。

マッキンタイアがオースティンの作品に見出す諸徳とは、アリストテレス的な意味での実践的知恵やキリスト教的意味での謙遜だけではなく、オースティンが「志操堅固（constancy）」と呼んだものです。これはマッキンタイアによれば、物語的統一性の維持に関する徳であり、「言葉ではなく行いにおいて統一性を再び肯定すること」です。オースティンはこの徳を作品のなかで登場人物の振る舞いを通じて肯定したとされています。忍耐とも勇気とも関連するこの徳があればこそ、人は財産や地位に目がくらむことなく、自分の人生の統一性を保てるというのです。しかしそれには「かなり限定された文化的・社会的空間」つまりコンテクストが必要であって、そのようなコンテクストが喪われた現代においては、その徳は捉えどころがなくなってしまったと、マッキンタイアは嘆いています。

「真価」について

したがってマッキンタイアは、主にアリストテレス的な徳倫理から〈正義とは何か〉という問題にアプローチします。そのためロールズとノージックの正義構想は、「真価（desert）」を正当に取り上げていないものとして、名指しで批判されることになります。

第一章と第二章で見たように、ロールズとノージックはそれぞれの正義構想において、個人の「不可侵なるもの」を最初に持ってきます。それに照らして個人が不正を被っているときには――基本的諸自由が他者と平等でないとか、自然権が侵害されたとか――「そのような扱いは不当である／あなたはそのような扱いに値しない（You don't deserve it）」と言われるはずです。しかしマッキンタイアにはそのような発想はありません。彼が重視するのは、社会関係のなかで諸個人が有している真価が、彼らの物語的秩序に照らして正しい状態にあるのかどうかという点なのです。

真価の観念は〈人間にとっての善〉と〈その共同体の善〉との両者についての共有された理解が第一の絆になっている共同体という文脈の中でのみその処を得るのである。そしてそこでは、諸個人が自分の第一の利害を同定するのは、それらの善に言及することによってなのだ。（マッキンタイア『美徳なき時代』）

善い生を物語的秩序の観点で捉えるマッキンタイアからすると、ロールズやノージックに欠けているのは、「真価の観念が、共有される善を追求する際のその共同体共通の仕事に対する貢献との関係で認められ、その観念が徳と不正についての判断の基礎となりうるような説明」です。そのような説明は、マッキンタイアによれば、権利や効用といった近代的な概念を中心とするものではありえず、また見知らぬ者たちの寄り集まりに関するものでもありえないのです。

現代社会は、「ギリシアの都市国家と中世の王国」、あるいは「ハイベリーとマンスフィールドの限定された世帯」、つまり「諸徳の実践が継続しうる社会空間」とはまるで違います。規模は大きく、人びとは多様で、流動性があり、伝統的価値観とは大きく異なる価値観も含まれています。したがって、「近代の政治は正真正銘の道徳上のコンセンサスによる事柄ではありえない……そしてたしかにそうではない。近代の政治は、武力以外の手段で遂行される内戦」なのだと、私たちは美徳なき時代に生きているのだと、マッキンタイアは結論付けています。

このようなマッキンタイアの物語論は人間理解を深めてくれるものであり、また彼のノスタルジーも理解できます。しかし現代社会においては、現代なりの美徳ある時代を模索することができそうです。その「美徳」はもはやマッキンタイアの辞書では徳の項目に入らないかもしれませんが、それでよいと思います。というのも、そもそも「志操堅固」という徳の発揮は、「マッキンタイアにとって善い」ものかもしれませんが、「その実践者にとって善い」とはかならずしも限りません。マッキンタイアは、オースティンが『説得』（一八一八年）という作品のなかで登場人物のひとりに「志操堅固は、男たちよりも女たちのほうが実践するのに向いている徳である。そして、その徳がなければ、他のすべての諸徳はある程度までその意味を失ってしまう」ことを力強く論じさせていることに言及しています。ならば「志操堅固」という徳の発揮がより多く求められ、うまく発揮できないとその「真価」が認められず、〈各人の諸価値（真価）に応じて財を分配する〉機会に与《あずか》れないのは、女性ということになってしまいそうです。

コミュニタリアニズムの現在

政治哲学上の「リベラル－コミュニタリアン論争」は一九九〇年代には落ち着きます。国際情勢の変化を受けて、第五章で取り上げるコスモポリタニズムに関心が移ったという背景もありますが、コミュニタリアニズムが結局のところは福祉国家を否定するものではないことや、理念としてのリベラル・デモクラシー（自由民主主義）を攻撃するものではないことが明らかになったからだと思います。

むしろコミュニタリアニズムの勢いは、社会学や政治学において健在です。たとえば社会学者で亡命ユダヤ人のアミタイ・エッツィオーニ（一九二九―）による、ジョージ・ワシントン大学のコミュニタリアン政策研究所を中心とする「応答的コミュニタリアニズム」運動があります。この運動は、社会のニーズに応答する諸個人の育成のために、家族や学校といった共同体の重要性を訴えるものです。また、ハーバード大学ケネディ・スクールで教鞭をとる政治学者のロバート・パットナム（一九四一―）は、『孤独なボウリング――米国コミュニティの崩壊と再生』（二〇〇〇年）や『われらの子ども』（二〇一五年）において、統計データを用いた社会分析を通じて社会関係資本の減少を明らかにし、社会の荒廃と分断に取り組むために共同体意識の再興が肝要であることを説いています。

3　国境を越える共同体は可能か

グローバル化が進む現代では、コミュニタリアニズムという思想が、国境を越える共同体を観念した正義を語りうるのかどうかが気になるところです。

国境を越える共同体は確かに存在します。たとえばですが、「～世界大会」と名のつくもの存在ひとつを取っても、国境を越える人びとの集まりがあることが示唆されます。これはコミュニタリアニズムが重視する種類の共同体と、何が違うのでしょうか。ここで再び、サンデルの議論に耳を傾けてみたいと思います。

サンデルと公民的美徳

サンデルは一九九八年に刊行されたアメリカ政治に関する著『民主政の不満――公共哲学を求めるアメリカ』の結論部分で、自己統治とコミュニティの衰退に取り組む上で「自由の公民的要素」が重要であることを強調しています。サンデルの言う「自己統治」とは、他者に雇われているのではなく自分を雇っている状態、つまり経済的に独立し、より深い意味で自分自身の主人である状態のことです。自己統治は、個人的選択の自由を重視するリベラリズムのもと、大企業へ権力が集中し産業資本主義が進展するなかで喪われたというのがサンデルの見解です。たとえば郊外型の大規模チェーンストアへの反対運動に参加して、シャッターが降りていない、生き生きとした商店街を取り戻すなど、連帯とコミュニティ意識をもつ市民（公民）として積極的に活動することが期待されています。自己統治という徳を取り戻すために、政治制度を共有する仲間の市民たちの一員として積極的に活動することが「自由の公民的要素」です。

こうしたコミュニティ・レベルでの自己統治を守り維持するための手段を「国民国家」とするサンデルは、次のような見通しを立てています。

経済のグローバル化のために、国民国家を超えた統治の形態が必要になるとしても、そのような政治体制が、民主的な権威が最終的に依拠する、アイデンティティの確立と忠誠——道徳的・公民的文化——を鼓舞し得るとは限らない。実際、その可能性に疑いをかける理由が存在する。戦争といった非常事態を除けば、国民国家さえ、自己統治において要求される共同体感覚と公民的参加を鼓舞することは難しい。ましてや国家より大きな政治的連合体においては、頼りとなる文化的伝統と歴史的記憶はほとんどなく、共通性を涵養する任務は益々困難なものとなるであろう。（サンデル『民主政の不満』）

サンデルに限らずコミュニタリアンの多くは、共同体か複数の共同体からなる共同体の枠を国家としています。サンデルの場合、アメリカの共和主義的伝統にも肩入れしているところもあります。そのためサンデルは、現代においては「多重に位置づけられた自己」があり、それらが「時には重なり合い、また時には対立する複数の要求をうまく調整していく能力であり、多重の忠誠がもたらす緊張関係の中で生きる能力」である美徳を有しているとしながらも、その美徳はあくまでも国家内部で発揮される美徳と見なしています。アメリカの歴史においてこの「自由の公民的要素」を備えた市民が国民経済の成立とともに国境まで到達したことを認めつつも、それが国境止まりであることを当然視するのです。

そのためサンデルは、グローバルな経済に対応する方法として、グローバルなガバナンスの強化と、それに対応するコスモポリタンな公民性の涵養《かんよう》を推奨する声があることを踏まえながらも、「コスモポリタニズムの理念は、現代における道徳理念としても、また自己統治のための公共哲学としても不適切である」として、その声に応えようとはしていません。

ウォルツァーの正義論

グローバル化時代のコミュニタリアニズムは、内向きと評価されざるをえない思想なのでしょうか。そう思わせるもう一人のコミュニタリアンが、ユダヤ系移民の子孫としてのアイデンティティを前面に押し出しているマイケル・ウォルツァーです。ブランダイス大学を卒業後、ハーバード大学で博士学位を取得し、プリンストン大学で教鞭をとっていました。「リベラル左派」系の雑誌『ディセント』の編集長を務めたこともあったため、そのウォルツァーが二〇〇一年九月一一日のアメリカ同時多発テロを受けたブッシュ政権下の「対テロ戦争」（アフガニスタンの空爆）を支持したことは（少なくとも日本では）驚きをもって迎えられました。

　ウォルツァーの正義論は、『正義の領分』（一九八三年）で主に展開されています。そのなかでウォルツァーは、単一の理論が世界のすべてを説明することはできないという特殊主義（particularism、個別主義、特定主義とも）にもとづいて、「複合的平等論」を展開しています。複合的平等とは、特定の財（安全と福祉、貨幣と商品、公職、辛《つら》い仕事、自由時間、教育、親族関係と愛情、神の恵み、承認、政治権力といった領分における社会的な財）が等分に分配されている状態ではなく、社会の内的な理由で分配されており、結果的にある財をもっていないとしても他の財をもっているというかたちで平等が保たれている状態のことです。その場合でも、誰かが優越していたり、誰かが強制されているということにはなりません。たとえば公職という領分で財を保有している人が自由時間という領分で財を保有していなかったり、神の恵みという領分で財を保有している人が政治権力という領分で財を保有していなかったりしても、複合的平等は成立しています。

ウォルツァー

　こうした異なる種類の財を比べる尺度は、共同体内部での価値観の共有によって成立すると考えられています。「配分に関する正義は、おそらく功利主義や、統合された科学ではなくて、分化《ディフェレンシエイション》・差異の一つの技《アート》である」（『正義の領分』）ため、各財の社会的意味に関する社会の共通了解が必要とされる。そして社会のメンバーがそのような共通了解をもつためには、国家への愛着や帰属意識が必要だというのです。

さて、ウォルツァーのこのようなコミュニタリアニズムを踏まえると、序章で紹介した彼の論文「哲学とデモクラシー」で示されたように、彼が政治共同体に生きる哲学者として、自覚的に「個別主義というリスク」を取っていることがわかります。そのような哲学者は「自然法、分配的正義、人権についての哲学的真理に固執することもあるだろうが、彼の政治的な議論は、特定の人民の必要に適合するような、間に合わせの真理のように見えるというのが最もありそうなことである」（「哲学とデモクラシー」、訳文を一部変更）。哲学と民主主義を両立させる方法として、ウォルツァーは共同体主義を採用しているのかもしれません。

グローバルな「一のなかの多」？

しかし、ウォルツァーが示唆するように、国境の内部の人びとのみが「特定の人民」なのでしょうか。アメリカには複数の民族的・宗教的な共同体があります。「「アメリカ人」であるとはどういうことか」（一九七四年）という小論のなかでウォルツァーは、内部に複数の共同体を抱えるアメリカという共同体のあり方を、「一のなかの多」と表現しています。複数の共同体は同時に共存しており、「これまでこうして一緒に集まってきたというまさにその事実のおかげで、人々はアメリカ人になっているのである」。これは、アメリカ合衆国の国璽《こくじ》（国家の表象として用いる印）にある「多から一へ」が指し示す理念とは異なる理念です。全メンバーが単なるアメリカ人になったのではなく、文化的異なりを背負ったまま集団として共存している――ウォルツァーからすれば、「様々なアメリカ人は、自分たちがかつて何者であったかを記憶していてもよいし、さらに、自分たちが現在でもなお、単なるアメリカ人とは別の何者かであるということを主張してもよいのである」（傍点は原訳書）。

したがって、ウォルツァーは「一のなかの多」を抱えるアメリカの政治原理として多元主義を推奨します。多くのアメリカ人はハイフン付きのアメリカ人であり、自分たちの多様性にコミットしている。この多様性を永続化させるために構想された政治的なプログラムが多元主義だというのです。これは「差異の政治」の、つまり多様な集団間の差異を積極的に肯定する政治の、企図だとされています。

ならば、ウォルツァーはそうしていませんが、その地表上に複数の共同体を抱える地球共同体の原理を多元主義とすることで、グローバルな「一のなかの多」も構想できるのではないでしょうか。

そのような可能性をコミュニタリアンに代わって探っているのがアマルティア・センです。センは、『アイデンティティに先行する理性』（一九九九年）というエッセイのなかで、コミュニタリアニズムを批判しています。曰く、人間のアイデンティティはたしかに共同体のなかで形成されるけれども、人間は文化的伝統から離れて合理的判断を下しつつアイデンティティを形成してゆくこともできる。また、「社会的相互作用というものは、愛情や仲間意識の絆で堅く結ばれた者同士ばかりで成り立っているわけではない」ため、「正義の方は共同体意識だけを頼りにすることはできない」のです。

グローバル化は人びとが他国や他文化の観点をもち、より自由でより豊かな生活を送る契機であると考えるセンは、「開かれた」思考を提唱しています。そのような思考の持ち主としてセンが敬愛しているのがアダム・スミスです。センは二〇一〇年の『正義のアイデア』のなかで、スミスの思想を次のように紹介しています。

ロールズの主たる関心は人々の関心や個人的優先順位の多様性にあったが、アダム・スミスは、ある文化においては知られていない関連する議論を無視することになりかねない価値の地域的偏狭性を避けるために、議論を拡張する必要性にも関心があった。公共的討議は反事実的な形式を取りうるので（「遠く離れた「公平な観察者」なら、それについてどう言うだろうか？」）、スミスの主要な手法上の関心は、同じ文化的社会的環境において、何が理に適い、何が理に適っていないかについて、同じような知恵、偏見、信念を持ち、何が実現可能で、何が実現可能でないのかについてさえ同じような信念を持つ人々との（現実的なものであれ、反事実的なものであれ）遭遇だけで満足するのではなく、あらゆる所から多様な経験に基づく広い範囲の視点や見解を呼び起こす必要性にある。特に我々は自分自身の感情を「自分自身から一定の距離を置いて」見るべきだというアダム・スミスの主張は、既得権益の影響だけでなく、しっかりと根付いてしまった伝統や慣習の影響をも精査するという目的によって動機付けられている。（セン『正義のアイデア』）

第二章で見たように、ロールズはスミスの「公平な観察者」よりも自らの契約説に登場する当事者たちの方がより公正な判断を下せるとしていました。しかし、センはロールズの契約説が「閉ざされた不偏性」を伴うものであるとして、それよりもスミスの「開かれた不偏性」にこそ、地域的偏狭性を反省する可能性があるとしています。

本章では、リベラルな正義論に対抗する思想として、コミュニタリアンの正義論を検討しました。両者とも国家を枠とした正義を構想しています。正義についての思考を国境で止《とど》めないこと——グローバルな時代においては、この構えも美徳のひとつになるでしょう。もしコミュニタリアンが、国境を越える複数の物語的秩序が形成されつつある現代社会を抱擁する気になりさえすれば、人びとの善い生を気遣い、その実現に具体的に取り組むことを通じて、現在の国民国家システムとは異なる世界のあり方を描き出せるのではないでしょうか。

第四章　人間にとっての正義
――フェミニズム

尊厳、自己発展（セルフ・ディベロプメント）、そして個人の活動の自由を重視するリベラルな社会は、危害を抑止する必要がある。危害がなされたことによって怒りが生じる限りにおいて、怒りは律法への信頼に足るガイドになる。（Martha Nussbaum, *Hiding from Humanity*）

現代正義論の先鞭《せんべん》をつけたロールズは、正義原理を導き出すために社会契約説を用いました。そこに登場する契約主体は無知のヴェールの背後にいるにもかかわらず、事実上、男性の家長として想定されています。そのため女性が伝統的に担ってきたケアワークは、なお家庭内で女性が担うものであることが示唆されています。本章では、正義の語り手と名宛人に女性を含めることが、真の意味で人間にとっての正義の理論に近づくという確信にもとづいて、フェミニズムの現代正義論への貢献を解き明かします。

1 「われわれ」からの排除——女性はいつまで「他者」なのか

政治思想史の教科書をめくると、一八世紀後半になってはじめて女性の思想家が登場しはじめます。『女性の権利の擁護』（一七九二年）を著したメアリー・ウルストンクラフト（一七五九—一七九七）や、ジョン・スチュワート・ミル（一八〇六—一八七三）が「共著者」として『自由論』（一八五九年）を捧《ささ》げているハリエット・テイラー（一八〇七—一八五八）。『高慢と偏見』（一八一三年）といった作品のなかで当時の女性が置かれていた境遇を描き、コミユニタリアンのマッキンタイアにも高く評価されている小説家のジェーン・オースティンを含めてもよいかもしれません。全員がイギリス人であるというのは、当時のイギリスに商業を通じた新しい時代の風が吹いていたことと、まったく無縁ではないように思われます。

啓蒙が足りなかった?

それから二〇〇年以上が経過し、生活は便利になりましたが、イギリスにおいてもイギリス以外においても、女性の地位は男性に比べて低いままです。アメリカでは二〇一七年、第六九回エミー賞のドラマシリーズ部門作品賞が『侍女の物語』に授与されました。ちょうどハリウッドはセクハラ問題に揺れていて、#Metoo 運動が盛り上がっていました。ツイッターのハッシュタグ機能を用いた、セクハラの告発や被害者の支え合いが行われたのです。エミー賞の授与は、そうした空気も反映したのかもしれません。

『侍女の物語』は、カナダの小説家マーガレット・アトウッドの同名のディストピア小説(一九八五年)をドラマ化したものです。アメリカで仕事と家庭を持ち生活している子持ちの女性が、環境汚染などの原因で生じたらしい少子化を憂慮する新生の宗教国家(「ギレアデ共和国」)によって捕えられ、身体に個体識別番号を刻まれ、お揃いのユニフォームを着た「侍女」として有力者の家庭に派遣され、派遣先の男性の子どもを産まなければならなくなるという筋書きです。

一八世紀末のフランス革命は、自由・平等・友愛をスローガンとし、歴史上はじめての人権宣言をもたらしました。このフランス革命に思想的影響を及ぼしたルソー（一七一二—一七七八）は、文明社会において生まれながらにして鉄鎖に繋《つな》がれている人間は、森に帰る代わりに立法過程に参加することで、自由を取り戻すしかないと論じました（『社会契約論』一七六二年）。なるほど、支配されている人間であっても、市民になり一般意志の一部になりさえすれば、自由を手にできる。ならばそもそも人間ではない存在者は、市民にもなれず自由も手にできない——フランス人権宣言の正式名称は“Déclaration des Droits de l'Homme et du Citoyen”（「人および市民の権利宣言」）。英語の man が人間を意味すると同時に男性を意味するように、フランス語の homme は人間を意味すると同時に男性を意味します。

そのため、そもそもこの宣言は男性の権利の宣言であると考えた劇作家・文筆家のオランプ・ドゥ・グージュ（一七四八—一七九三）は、一七九一年、「女性および女性市民の権利宣言」を発表しました。この宣言も全部で一七条からなり、「人および市民の権利宣言」に対応しています。オリヴィエ・ブランの『オランプ・ドゥ・グージュ』に資料として収録されていますので、ここで第一条と第二条と第一七条を紹介しましょう。

第一条　女性は、自由なものとして生まれ、かつ、権利において男性と平等なものとして存在する。社会的差別は、共同の利益にもとづくのでなければ、設けられない。
第二条　あらゆる政治的結合の目的は、女性および男性の、時効によって消滅することのない自然的な諸権利の保全にある。これらの諸権利とは、自由、所有、安全および圧制への抵抗である。
第一七条　財産は、結婚していると否とにかかわらず、両性に属する。財産は、そのいずれにとっても、不可侵かつ神聖な権利である。何人も、適法に確認された公の必要が明白にそれを要求する場合で、かつ、正当かつ事前の補償の条件のもとでなければ、真の自然の資産としてのその権利を奪われない。

グージュ

第一条では男女同権が、第二条では自然権を想定する社会契約的発想が、第一七条では両性の個人としての財産権が、それぞれ謳《うた》われています。
この宣言を発表したわずか二年後、統治形態に関する政治的作品が反革命的であったとして、グージュはギロチンで処刑されてしまいました。

ジェンダー論へ

二〇世紀に入り、女性が男性と同じ権利を獲得してゆくなか、なおも女性は人間の「主体」である男性から見た「客体」すなわち「他者」であることを抉《えぐ》り出したのは、フランスの哲学者シモーヌ・ド・ボーヴォワール（一九〇八―一九八六）でした。「人は女に生まれるのではない。女になるのだ」という『第二の性』（一九四九年）の有名な言葉にあるように、ボーヴォワールは「女」が社会的に形成されたものであることを指摘します。人間には生物としてのメス・オスはあるけれども、「女」らしさを植えつける文明のなかで女性は「他者」にさせられてしまった――ここには、今日では一般的な理解となっている「生物学的な性差(sex)」と「社会構築的なジェンダー（gender）」という区別の萌芽《ほうが》が見て取れます。

男＝主体、女＝他者という構造がひとたび出来てしまうと、女はつねに二次的で周縁的で受動的な存在になります。私たちの周りには「～女史」「女流～」「女子～」といった言葉が氾濫していますが、これが男性中心主義として認識されていないのは、私たちが男＝主体、女＝他者という構造の内部にいるからです。そのなかで生まれる子どもたちも、性別に応じて自分に割り当てられたポジションを引き受けるようになります（さらにはそれが美徳であるとさえ思うようになります）。男性が女性を支配していると感じていないにもかかわらず、そして女性が男性に支配されていると感じていないにもかかわらず、男性＝主体による女性＝他者の支配構造は存在するのです。

ジェンダーという概念は、男性と女性に恣意的に与えられた「自然」をはじめとするさまざまな規範から、個人を解放してくれます。しかし、ジュディス・バトラー（一九五六―）に代表されるポストモダン（脱構築主義）派は、ジェンダー概念に揺さぶりをかけました。ジェンダー概念は、結局のところ男性と女性を二項対立的に捉え、ヘテロセクシャル（異性愛）を性愛（セクシャリティ）の規範としてしまうというのです。バトラーは、ジェンダーだけでなく（オスとメスにしか区分されない）生物学的な性差の方も社会的構築物であると見なし、セクシャリティの多様性の承認を求める声に哲学的支柱を与えています。しかし、生物学的な性差ですら社会的構築物だとすることで、両性の身体的ニーズ（脆弱性《ぜいじゃくせい》）について論じることを難しくしてしまいました。人びとにはメス・オスとして特有の身体的ニーズがあるという主張でさえ、「本質主義」として批判されるようになったのです。

これを受けて、ジェンダーの代わりに現象学的な意味合いでの「生きられた身体（lived body）」を用いてはどうかという提案が、ボーヴォワール研究者のトリル・モイ（一九五三―）から出されています。「生きられた身体」はフランスの哲学者メルロ＝ポンティ（一九〇八―一九六一）の概念で、個別的・主観的な身体についての語りを可能にします。これによって、性差やジェンダーに言及せずに「月経のある身体」や「腕力のない身体」のニーズに焦点を合わせることができます。しかし、政治哲学者のアイリス・マリオン・ヤング（一九四九―二〇〇六）は、「生きられた身体」という概念の有用性を認めつつも、男性中心主義の社会で女性が構造的に被っている不正義を理論化するために、「女」という主体を立てる必要性、つまりジェンダー概念を保持する必要性を説いています。

ロールズの女性観

男性中心主義を批判する視点――フェミニズム――からの正義への要求に対して、現代正義論はどのように応答してきたのでしょうか。

ロールズは『公正としての正義 再説』のなかで、「女性が、自分の子供を養い育て面倒をみるという仕事の不相応な負担を背負ってきており、また背負い続けているということは、女性に対する長きにわたる歴史的な一つの不正義である」と述べています。さらに、「法は、規範あるいは指針として、妻の育児労働を（依然として一般的であるように妻がこの重荷を背負っている場合）、婚姻中に彼女の夫が稼ぐ所得の平等な分け前に与る権原を彼女に与えるものの一つに数えるべきである。もし離婚ということになれば、妻は、婚姻中に生じた家族資産の価値の増加分に対して平等な分け前をもつべきである」ともしています。

しかし、ロールズ正義論において女性が登場するのは、家族のなかだけです。さらにロールズは、家族を社会の基礎構造の一部としながらも、「正義の二原理」を家族の内部生活に直接適用しようとはしませんでした。市民としての観点からすると、家族は基礎構造の一部として正義原理の制約を受けるものであるが、家族のメンバーとしての観点からすると、各々の家族にふさわしい内部生活のために正義原理の適用が制限される理由があるというのです。ここには、第三章でみた政治的リベラリズムの考え方が反映されているとも言えます。政治的リベラリズムが律する社会では、人びとは公共空間では政治的リベラルであることが求められますが、私的空間では包括的世界観を抱いたままでよいとされているのです。

指摘したい点は二つ。一つは、こと家族の問題に関しては、ロールズの見解はかなりコミュニタリアンに接近しているということ。ロールズにとっての家族は社会が介入すべきではない特別な共同体（聖域）なのです。もう一つは、「うちの家族」にはふさわしくないとして「正義の二原理」を撥《は》ねつける権限を持っているのは誰かが暗に示されているということ。『正義論』では世代間正義の原理を導出するために原初状態に集う当事者として、息子、孫息子、父、祖父といった各家系の各時点を代表する家長が想定されていることから、決定権者として男性家長が想定されていることが窺えます。家族は男性家長の包括的世界観が支配してもよい空間のようなのです。

しかし、無知のヴェールの背後にいる当事者たちは自分の性別を知らないはずですし、家族内部における兄弟姉妹間の社会的・経済的な不平等も望まないでしょう――男なら大学に行かせてもらえるが、女なら義務教育後は働くか結婚させられる、あるいは男なら家事を手伝わなくてもよいが、女なら家事を手伝わされる、などなど。育児労働（ケア仕事）の性別固定化にも反対するはずです。

だとすると、ロールズには家族を「私的領域」として守りたいという思惑があり、またそうすることがなぜだか女性に不利益を生じさせないという思い込みがあったのではないかと推測されます。ロールズ自身の経験から、少なくとも夫婦に関しては一夫一妻制で、性別役割分担が定まった家族のあり方が「自然」に思われたのかもしれません。しかし、家庭は市民となる子どもたちに正義感覚を身につけさせる場であるというロールズの想定をもってすれば、問題は深刻です。男性による女性の支配構造を、子どもたちは日々の生活の、それも愛着関係のなかで、引き受けるようになるのですから。

カント的フェミニズム

個人を他者の目的を達成するための単なる手段として扱うことを、カントは不正としました。個々の人間に尊厳があると考えられているからです。しかしなお現実において、女性は他者の目的を達成するための手段として扱われています。これについて、アメリカの哲学者マーサ・ヌスバウム（一九四七―）は次のように述べています。

要するに、女性はあまりにもしばしば女性自身を目的として、すなわち法律や制度上、敬意を払うに値する尊厳を持った人間として扱われていないということである。実際には、女性は、他者の目的を達成するための単なる手段として、例えば、子どもを産む者として、世話をする者として、性的はけ口として、家族の繁栄のために働くものとして扱われている。（ヌスバウム『女性と人間開発』、傍点は原訳書）

性差・ジェンダーにかかわりなく個人が自分自身を目的として生きることのできる社会を目指す思想を、本書では便宜的に「カント的フェミニズム」と呼ぶことにします。この立場の第一人者は、ロールズの指導のもとで博士論文を書いた、イギリスの哲学者であり貴族院議員のオノラ・オニール（一九四一―）です。

オニールは、女性が男性と同じ権利を請求し獲得してきた女性運動史を高く評価しています。財産を所有する権利（これはオースティンの時代には認められていなかったものであり、だからこそオースティンの小説に登場する女性たちは、夫や父親の死後に路頭に迷わないよう、結婚話に右往左往するのです）、政治に参加する権利、さらにはさまざまな仕事につく権利などが勝ち取られてきました。こうした歴史があるからこそ、オニール自身も現在の地位を得ているのですから、当然の評価です。しかしオニールは、正義の構想の出発点に権利ではなく義務をおく点でもカント主義者です。そのため、やや複雑な理路で「女性のための正義」論を展開しています。順を追って説明しましょう。

オニール

まず、権利は請求権であるため、その請求に応える相手方、つまり義務の担い手を必要とします。このように関係性的なものである権利を本気で尊重するならば、義務から議論をスタートすべきであるというのがオニールの主張です。

なぜでしょうか。請求される権利のなかには、その請求に応える義務を完全なもの（「完全義務」）とすることができないものがあります。たとえば〈気遣いを受ける権利〉を例にとってみましょう。誰かの〈私に気遣いせよ〉という請求に対して、全員にそれに応える義務があるとは言えません。他方で、〈気遣いを受ける権利〉がないとしても、〈気遣いをする義務〉もないとは言えない。むしろそうした義務は、権利に対応する義務としてではなく、徳として奨励されるものです。

権利から議論をスタートさせると、徳として奨励されるべき義務（＝「不完全義務」）を軽視することになり、正義に関する議論を貧しくしてしまう――。ここでオニールは、「自由権」（ロールズやノージックの正義論における〈不可侵なるもの〉に相当します）に対応するのは完全義務であり、「財・サービスへの請求権」に対応する義務は不完全義務であるけれども、女性のための正義を考察する上ではそうとも言い切れないことを示唆しています。

そこで二つの主張がなされます。第一に、男性と女性の権利は同じであるけれども、妊娠・出産における女性特有のニーズから生じる「マタニティ・ケアなど」への請求権は、特別に「女性の権利」として認められるだろうということ。そして、それに対応する財やサービスを提供する義務は分配的正義の対象となるということ。そしてその義務を遂行する行為者として国家が想定されています。

第二に、心理学者キャロル・ギリガン（一九三七―）の『もうひとつの声』（一九八三年）に見られる男女の差異の強調は、「女性の権利」の実現に寄与しないということ。ギリガンらの「差異の倫理学」は、正義＝権利として捉え、それを男性の関心事と見なします。他方で徳＝ケアとして捉え、それを女性の関心事として見なします。このように図式化した上で、これまで男性中心主義のなかで軽視されてきた「もうひとつの声」である女性の徳のある倫理的生活を再評価しようというのです。けれども、それは結局のところ、(「マタニティ・ケアなど」を除く)ケアが不完全義務であることをもってすれば、女性を近しい関係性つまり私的領域におけるケアの担い手として束縛することになります。

ここでオニール自身に語ってもらいましょう。

私たちがいま生きている世界では、女性の生活は男性の生活と少しばかり違うかもしれないが、その違いは単に女性が扶養家族に対して、つまり子ども、重病者、老人に対して、現実の持続的な責任を男性よりも負っているにすぎないことが多い――女性の経済的・社会的な力は男性より弱いままであるにもかかわらず、このような世界では、通常のありふれた権利を不要なものとする保護的な隠れ家を私的領域が提供すると考えるのは、ただの夢想にすぎない。(オニール『正義の境界』)

財やサービスへの誰かの請求権に応える義務は誰に降りかかるのか。このことが曖昧な状況においては、その義務の公正な分配こそが、女性にとって重要であるとオニールは考えています。「義務を負うことになる人びとの実際の資源と責任、そして実際のケイパビリティと脆弱性」が考慮された分配でなければならないというのです。個人の自由と権利を尊重する国家は、くじで選んだ人間を特定の家庭に派遣してケア労働をさせることができません。ケアの分配的正義の必要性が示唆されます。

これについてエヴァ・フェダー・キティ（一九四六―）は『愛の労働』（一九九九年）で、ケアは市民たちの基本的ニーズであることから、それをロールズ的な意味での「基本財」として、分配的正義の対象とすることを提案しています。

リベラル・フェミニズム

自由と権利の方から出発する正義構想のなかで家族の問題に直截《ちょくせつ》に取り組んだのは、スーザン・モラー・オーキン（一九四六―二〇〇四）です。ニュージーランド出身でアメリカのスタンフォード大学で教えていたオーキンは、『正義・ジェンダー・家族』（一九八九年）のなかで、女性が不正義を被っていることの原因をジェンダー（オーキンの定義では「性別分業を基礎とした性的差異のゆるぎない制度化」）に見出し、以下のように指摘しています。

現代の正義の理論家たちには、ジェンダーと正義というテーマについて、より啓発的で積極的な貢献を期待することができる。しかしながら、家族の無視と見せかけのジェンダー中立的言語が示しているように、現代の正義の理論家の主流は、過去の理論家たちよりまともな議論をしているわけではない。それは、わたしたちの半分にのみ正義を適用しているからである。うわべだけでジェンダー中立的な言語を使用するのではなく、実質的に女性が包摂されなければならない。正義の理論は、わたしたちの半分が、社会正義の範囲外とされた生活の場で責任を引き受けていることを前提にするのではなく、わたしたちすべてに、そしてすべての人間生活に適用されるべきである。正義に適った社会とは、家族の構造と実践をとおして、女性が男性と同じくらい政治的力をもち、社会の選択に影響をもち、経済的にも身体的にも安心できる潜在能力を養う機会をもつことができる社会である。（オーキン『正義・ジェンダー・家族』）

従前の著作『政治思想のなかの女』（一九七九年）で、西洋の政治思想史において女性が「他者」扱いされてきた歴史を描いたオーキンは、現代社会が女性を抑圧する形式で構造化されていることに加えて、正義の理論家たちがこのことに十分な対応をしていないことを問題視しています。

オーキンは、「人びとの性別は、目の色や足の大きさと同様、重要性をもたない」として、ジェンダーのない社会こそ、真に人間的な正義に向かうと考えているのです。そのためオーキンは、原初状態から推論しつつもジェンダー構造について無言を貫くロールズを名指しで批判しました。「もしロールズが彼の理論を構成する際に、無知のヴェールの背後で進行する事柄の参加者になるのは〔家長ではなく〕すべての成人した個人だという想定を貫いていたなら、家族も個々人のライフ・チャンスを左右する主要な社会制度のひとつとして、正義の二原理に従って構成されるよう要求するほかなかったはずである」と。

オーキンからの批判に対して、ロールズは次のように返答しています。

オーキンは正しいと私は考えたい。決定的な問題は、ジェンダー構造をもつ諸制度に含まれるのは正確には何かということなのかもしれない。そうした制度はどのように線引きされるのだろうか。もし、ジェンダーシステムとは、女性の平等な諸々の基本的な自由と機会や、将来の市民としてのその子供たちのそうした自由と機会に悪影響を与えるいかなる社会的仕組みをも含むとわれわれが言うとすれば、その場合、このシステムが正義原理による批判を免れないのは確かである。すると問題は、正義原理の実現がジェンダーシステムの欠陥を修復するのに十分かということになる。これは、社会理論、人間心理学、その他の多くのものに部分的に依存する。それは正義構想だけでは決めることができないものであり、私はここでこの問題についてさらに思案しようとは試みまい。（ロールズ『公正としての正義 再説』）

正義論は家族内の正義についてもっと踏み込めるはずだというオーキンからの批判を、ロールズは問題を大きくすることでかわしてしまっています。ただし、最晩年に刊行されたとはいえ『公正としての正義 再説』の実際の執筆時期は不明であるため、ここでのロールズの見解が彼の最終的な見解であるかどうかはわかりません。しかしロールズにとって、女性への正義は、公民権運動においてキング牧師が求めた種類の正義ほどは喫緊の課題ではなかった、とは言えそうです。

2 社会契約説とケイパビリティ・アプローチ

現代正義論において、家庭内で子育てをするというポジションが女性に与えられてしまうのは、なぜでしょうか。

社会契約からの女性の排除

前節でも触れたアメリカを代表するリベラルな公共的哲学者のひとりであるマーサ・ヌス

バウムは、アリストテレス、カント、J・S・ミル、そして初期マルクスの思想を基盤として、独自のケイパビリティ・アプローチから正義論を展開しています。「ケイパビリティ・アプローチによる正義論の深化とその実践」を理由として、第三二回（二〇一六年）の京都賞を思想・倫理部門で受賞しました。

ハーバード大学でロールズと直接の交流があったヌスバウムは、ロールズの思い出に捧げた『正義のフロンティア』（二〇〇六年）で、ロールズ正義論の限界を考察し、ロールズが社会契約説に必要以上の忠誠を誓っていることを問題視しました。ヌスバウムがこの本のなかで取り上げているのは障碍者、動物、そして国境の外部にいる人びとへの正義の問題ですが、女性への正義についても同様の考察が当てはまるため、ここではその議論を敷衍《ふえん》して話を進めます。

ヌスバウム

ロールズは『正義論』で、原初状態の人びとが（非協働ではなく）協働を選択する理由を〈正義の情況〉なるものにおいています。そしてこの正義の情況とは、ヒュームから借用した以下のような二種類の想定であると説明しています。

第一の種類　人間の協働を可能かつ必要にする客観的・客体的な情況がある。そのため、明確な限界を備えた地理上の領域に、多数の個人が時間と空間を共にして共存することとなる。

① こうした諸個人は体力と知力の面でおおよその類似を示す。もしくは残りの仲間を支配しうる者は彼らの中には皆無であるという点で、ともかく諸個人の能力は互いにひけをとらない。

② 彼らは攻撃に対して傷つきやすく、他者がむき出しの力を合わせてかかった場合、ひとりの例外もなく各人の計画の遂行は妨害を免れえない。

③ 最後に「適度な希少性」という条件が加わり、これは広範な状況を覆っていると理解されている。天然資源その他の諸資源は、協働の枠組みが不必要になるほど豊富ではないけれども、同時に協働の冒険的企てが不可避的に破綻を来すほど条件は過酷ではない。相互の相対的利益となる（ましな暮らし向きをもたらす）制度編成は実現可能であるものの、それが産出する便益は人びとの需要に応じるには不足している。

第二の種類　協働の諸主体、すなわち一致協力している人びとに関連する側面に相当する、主観的・主体的な情況がある。たとえば、当事者たちはほぼ類似した（もしくは多種多様な仕方で相補的である）ニーズや利害関心を有しており、それゆえ彼ら相互に相対的利益をもたらす協働が可能となっているものの、自分の人生計画を立てるのはあくまでも当人なのである。（以下略）

このような想定が挿入されるため、当事者たちは無知のヴェールの背後にありながらも互いが同等の体力と知力を持っていることを知っており、非協働ではなく協働を選ぶと考えられているのです。

ヌスバウムによれば、力と能力においてほぼ等しい当事者による「相互有利性」のための契約というアイデアが、正義原理の第一義的な名宛人から女性を排除することにつながります。一般に制度には、その対象となる人びと（名宛人）と設計者がいますが、ロールズの原初状態に登場する当事者は名宛人であると同時に設計者である「われわれ」です。障碍者、動物、そして国境の外部にいる人びとと同様に、力と能力において同等でないとして、女性はこの「われわれ」には含まれません。だからこそ「主人」の私的領域である家族は、正義原理の直接の適用対象にされないのです。これに関連してヌスバウムは次のように述べています。

たとえば、西洋の伝統における正義に関する理論のほとんどは、女性による平等への要求と、女性の平等への途を阻んできた（そしていまも阻んでいる）数多の障害物とに対して、わざと気を配ってこなかった。そうした理論の抽象性はいくつかの点で貴重ではあるが、それらが世界でもっとも深刻な問題のひとつに立ち向かいそこねてきたことを、隠蔽してしまった。ジェンダー正義の問題に適切な関心を向けると、家族は政治制度であって正義を免れる「私的領域」の一部ではないことの承認が生じるため、多大な理論的帰結が生じる。したがって、これまでの理論が見落としてきたことを正すということは、よく知られた古い理論を単に新しい問題に適用するということではない。理論構造を正しくするということなのである。（ヌスバウム『正義のフロンティア』）

この理論構造を正しくする方法として、ヌスバウムが提案しているのが、ケイパビリティ・アプローチです。

ケイパビリティ・アプローチ

ケイパビリティ・アプローチは、人間の生活をさまざまな活動や状態から構成されたものと捉えます。そうした活動や状態である機能はケイパビリティがあってはじめて達成しうるものなので、ケイパビリティは個人が何かを行ったり、何かになったりするための実質的自由を表します。

第一章でアマルティア・センのケイパビリティ・アプローチを紹介した際に指摘したように、リベラルなケイパビリティ・アプローチは、どのように生きるかの選択を個人に任せます。ただしヌスバウムのアプローチは、人間性の涵養を理念としている点が特徴です。個人が人間らしい生活を送るためのケイパビリティが問題とされるのです。ヌスバウムによれば、そのようなケイパビリティは人間性に関する「濃厚だが漠然とした善の理論」から導き出せます（これはロールズの基本財に関する「希薄な善の理論」を意識したネーミングです）。人間性は、〈ほんもの〉が集積されたプラトンのイデア界のようなところを参照することによって知りうるのではなく、この世界における私たちの〈あらわれ〉の共通性を参照することによって知りうるものだということが、以下のように述べられています。

濃厚だが漠然とした理論は、一つの形而上学的《けいじじょうがく》なあるいは宗教的な伝統に特有のものでもない。むしろ、濃厚だが漠然とした理論は人間の歴史に内在的なものであって、大いに解釈的なものである。この理論の目的は可能な限り普遍的であることであり、非常に異なる諸伝統の成員を宗教や形而上学における溝を超えて、人間として承認するための基礎を定めることである。この理論は人間であるとはどういうことかを説明することからはじまる。だが、この説明は（アリストテレスの批判者がいうような）「形而上学的な生物学」にもとづくものでは決してないのであって、実際のところ、さまざまな時代と場所から寄せられる神話や物語の共通性、人間であるとはどういうことかを友人や見知らぬ人に説明するさいの物語の共通性にもとづくものである。(Nussbaum, "Aristotelian Social Democracy")

そのようなケイパビリティが何であるかを、ヌスバウムは積極的に提示してきました。それは「中心的ケイパビリティのリスト」と呼ばれており、現在のところ生命、健康、身体的保全、感覚・想像力・思考、感情、実践理性、社交性、動植物や自然との共生、遊び、自己の環境の管理という、人間生活の一〇の領域にかかわるものとなっています。このリストは排他的なものではなく、また可変的なものでありながらも、およそ「人間の尊厳の尊重が要請する最低限のもの」であり、男女の別なく当てはまるとされています。そして個人は、リストにあるケイパビリティに対して、人間としての尊厳から生じる権原を有していると見なされます。他者の利益のために犠牲にされてはならない個人の自由と権利の領域が、「中心的ケイパビリティのリスト」によって示されるのです。

私たちは何者であるのかという問いに対して、神話や聖書、小説などはさまざまな解釈を示してきました。そこで描かれる人間の生に共通の特徴を抽出してみよう。そのなかから賞賛されてきた、またひとたび喪われたならば嘆き悲しまれてきた機能を特定し、そこからさかのぼってケイパビリティを見てみるならば、人間にとって倫理的に本質的なケイパビリティ、すなわち人間的善を暫定的なものとして提示しうる……。

アリストテレス研究から出発したヌスバウムの思想は、アリストテレス的な要素に満ちています。そのケイパビリティ・アプローチも同様です。彼女のアプローチにおいては、ケイパビリティはアリストテレスの「可能態（デュナミス）」という概念に、機能は「現実態（エネルゲイア）」という概念に、それぞれ相当します。アリストテレスは、事物にはさまざまな可能性（可能態）があると考えました。たとえば銅は銅貨にもなりますがアポロン像にもなります。銅に銅貨という設計（アリストテレスの用語では「形相」）が与えられたとき、それは銅貨になります（現実態）。銅にアポロン像という設計が与えられたとき、それはアポロン像になるのです。しかし他方でアリストテレスは、事物には「目的（テロス）」があるとも考えました。たとえば耳の目的は聞くことであるため、よく聞こえる耳がよい耳になります。

そして人間の場合、世界の根本原因（アリストテレスの用語では「不動の動者」）によって与えられた設計は人間性であり、その目的はあらゆる善のなかでも最高位の善であるところの幸福（エウダイモニア）を達成することとされていますが、この幸福は人間としての知性的・倫理的な優れた働きを、いわば全身全霊で実践し続けることによって、達成されるものです。

したがって、現代リベラリズムに共鳴するヌスバウムのケイパビリティ・アプローチは、アリストテレス的要素を含むものでありますが、アリストテレスとは異なり、実際に幸福であるかどうか（機能を果たしているかどうか）ではなく、幸福になることができるかどうか（ケイパビリティがあるかどうか）に着目するものとなっています。人間性の完成を目指して全身全霊で生きることができるとしても、個人的選択によって、そうしなくてもよいのです。ヌスバウムが自身のアリストテレス主義を「新アリストテレス主義」と呼ぶ所以《ゆえん》はここにあります。

そのため、ヌスバウムの思想は第三章で紹介したマッキンタイアと同じくアリストテレス的ではありますが、個人の善い生のために、伝統を保守することにはなりません。むしろ、個人的選択の幅を狭める伝統こそが、批判の対象となります。マッキンタイアが賞賛する「志操堅固」のような徳が女性に多く見いだされるような事態があるとして、そのような事態は決して吟味なしで喜べるものではないのです。

3　個人を支える政治

地位の獲得における不正義

個人が女性という属性によって不正義を被っていることのひとつに、地位の獲得がありま す。伝統的に女性に開かれていなかったもののひとつに、たとえばドイツやオーストリアの管弦楽団の演奏者の仕事があります。門戸が開かれている場合でも、採用における女性へのバイアスがあることは、カーテン越しのオーディションや匿名審査が女性の採用者数を増やすことから、今日では周知の事実となりました。能力と意欲において等しいにもかかわらず、女性であるという理由だけで職を得られないとすれば、正義が達成されているとは言えません。またひとたび地位を得た後であっても、女性であるという理由だけでハラスメントの対象になるならば、やはり正義が達成されているとは言えないのです。

裁判と哲学

そもそも人はなぜ、自分や他者の性別にこだわるのでしょうか。性別へのこだわりは、個人から自由や幸福を奪いかねません。たとえば同性愛への差別や同性結婚の禁止は、同性愛者の幸福追求権を奪います。先に紹介したヌスバウムはかつて、アメリカ合衆国コロラド州の裁判所で、鑑定人として証言台に立ちました（一九九三年一〇月一五日）。「ローマー対エヴァンズ事件」として知られる「同性愛」をめぐる裁判においてです。

コロラド州では、差別や暴力の対象となってきた同性愛者を保護するため、司法、立法、行政において同性愛者に配慮する措置がとられていました。ところが一九九二年、州の利益に反するとして、そのような保護的な措置を禁止する州憲法修正第二条が、住民投票の結果、五三％の支持で可決されたのです。これは同性愛者の安全を危うくするものでした。そこで原告団により州憲法修正第二条の仮差し止め請求がなされ、合衆国最高裁判所によってこの事件がコロラド州の裁判所に差し戻されていたのです。

コロラド州の裁判では、州憲法修正第二条の正当性を示すために、幅広い鑑定人が証言台に立ちました。そのなかにはかつてオックスフォード大学で教鞭をとった、オーストラリア出身の法哲学者ジョン・フィニス（一九四〇―）もいました。フィニスはカトリック系の自然法論者で、同性愛には反対の立場から、西洋の哲学史を持ち出しつつ、同性愛の不道徳性について論じたのです。

ヌスバウムが証言台に立ったのは、フィニスを含む哲学者たちへの反証を行うためでした。そこでヌスバウムが持ち出したのが、プラトンの『饗宴《きょうえん》』に登場する、アリストパネスが語る人間の原形の物語です。曰く、人間にはもともと男性と男性、女性と女性、男性と女性をそれぞれ結合した三つの性別があり、丸く、四本の手と四本の足と二つの顔を有していた。男性は太陽から、女性は地球から、両性を兼備した性（アンドロギュノス）は月からきたのであった。しかし、力が強く気位が高い彼らは、神々に挑んでゼウスたちの怒りに触れ、真っ二つに切断されてしまった。以来、人間は失われた片割れを求めている、というものです。

ヌスバウムの狙いは、古代ギリシアにも同性愛があったことと、同性愛が伝統的価値観に反するものではないということを、示すことでした。古代ギリシアのセクシャリティ、特に同性愛に関する文献の翻訳や研究は、ケネス・ドーヴァーの著作『古代ギリシアの同性愛』（一九七八年）が出るまでの長い間、その事実を伏せるような仕方で行われてきたと言われています。

コロラド州の州憲法修正第二条は一九九六年、合衆国最高裁判所によって、合衆国憲法修正第一四条の「法の平等な保護」条項に違反するとの判断が下されました。

性別は個性である

現代正義論は、人間にはさまざまな個性とそれに応じたニーズがあるという認識に立っています。ならば、生物学的な性差や社会構築的なジェンダーも、対応するニーズのある個性として捉えることができるでしょうか。

フランスの哲学者ファビエンヌ・ブルジェール（一九六四―）は、身体のある個人を、他者からの承認と支えを必要とする存在と見なし、脆弱でありうる諸個人が相互に承認され支援される社会の構築を提唱しています。そして、そのような社会の構築を目指す政治を「個人を支える政治（politique de l'individu）」と呼んでいます。このような政治は、今日ではLGBT（レズビアン、ゲイ、バイセクシャル、トランスジェンダー）として括《くく》られている人びとのセクシャリティも個性のひとつとして扱う、開かれた社会の到来を予感させます。

そしてブルジェールによれば、この「個人を支える政治」は、ジェンダーに留意するものとなります。

ジェンダーに留意することは、性の差異、「強い」男性と「弱い」女性とへの世界の分割という理由で阻止されていた行動を支持する実践的な手法となりうる。ジェンダーに留意する政治は、女性に対する支えの政治であり、女性が個人として存在できることをめざす。その政治は、また、現状の権力関係での公共空間が個別性を無視しているなら、女性への個別的な支えが必要となるだろう。このような支えは、女性が、個人の特性において承認されるような共同体に参加するのを実現する。（ブルジェール『ケアの社会』）

したがって、女性であることを個性とする諸個人のニーズに応えることは、女性を特別扱いすることではありません。オニールが「マタニティ・ケアなど」への請求権は特別に「女性の権利」として認められるだろうと述べるとき、意図されているのは特別扱いではなく、その身体的な脆弱性への配慮です。脆弱性への配慮は、正義にかなった社会の要求なのです。

ブルジェールの唱える「個人を支える政治」はまた、個人が実際に何ができて何になりうるのか、つまり個人のケイパビリティに着目するものでもあります。「政治的にケイパビリティを実現しようとすることは、すべての個人の行動する力を保証することであり、同一の国の人々の間にいわれのない区別をつくる障壁に立ち向かうことである」とされています。ブルジェールがセンとヌスバウムのケイパビリティ・アプローチを取り入れていることは明らかです。ヌスバウムは、あらゆる国家がその市民に対して「中心的ケイパビリティのリスト」にあるケイパビリティを確保すべきことを説いていますが、ブルジェールの正義構想にも同様の主張が見てとれます。

ケイパビリティには内的側面と外的側面という二つの側面があり、両方が確保されなければなりません。まず個人本人が、教育、ヘルスケア、感情的支援などによって、機能を達成しうる状態にある必要がある（内的側面）。ただし、個人がその内部でさまざまな機能を自由に果たしうる状態にあったとしても、劣悪な社会的・制度的編成のせいでそうすることが阻まれることもあるためそれを除く必要がある（外的側面）。このようにケイパビリティの二つの側面は結合しているので、政治はこの「結合的ケイパビリティ」を保障するために、物質的環境を整えなければならないのです。

法の力

人びとのあいだのいわれのない区別は、法によって禁止されてきました。第一章でも紹介しましたが、日本国憲法の第一四条は「すべて国民は、法の下に平等であって、人種、信条、性別、社会的身分又は門地により、政治的、経済的又は社会的関係において、差別されない」とし、そうした理由による差別を認めていません。また第一三条は「すべて国民は、個人として尊重される。生命、自由及び幸福追求に対する国民の権利については、公共の福祉に反しない限り、立法その他の国政の上で、最大の尊重を必要とする」とし、どの市民の善い生も最大限尊重されるとしています。第二五条は「すべて国民は、健康で文化的な最低限度の生活を営む権利を有する」とし、市民に対して保障されるべきケイパビリティの内容を具体的に示しています。

このようにしてみると、日本国憲法は「個人を支える政治」を要求するものであるようです。実際、一九七九年に国連総会で採択された「女性に対するあらゆる形態の差別の撤廃に関する条約」に署名（一九八〇年）および批准（一九八五年）をした日本政府は、ジェンダー平等を推進するために、たとえば一九八六年には男女雇用機会均等法を施行し、一九九九年にはその前文で「男女が、互いにその人権を尊重しつつ責任も分かち合い、性別にかかわりなく、その個性と能力を十分に発揮することができる男女共同参画社会の実現」を謳う男女共同参画社会基本法を施行しています。

そして二〇〇一年四月にはＤＶ（ドメスティック・バイオレンス）防止法（正式名称は「配偶者からの暴力の防止及び被害者の保護等に関する法律」）が、超党派の女性議員による議員立法として成立し、一〇月に施行されました。「配偶者」には配偶者、元配偶者、事実婚のパートナー、元パートナーが含まれ、「暴力」には、①身体に対する暴力（身体に対する不正な攻撃で生命や身体に危害を及ぼすものや性的暴力を含む）と②心身に有害な影響を及ぼす言動、が含まれるとされています。

内閣府男女共同参画局が管理する全国の配偶者暴力相談支援センターに寄せられた平成二八年度分の総相談件数一〇万六三六七件のうち、女性からの相談件数は一〇万四七一六件で、男性からの相談件数は一六五一件でした。両性への正義が必要とされていると同時に、女性であることが特に危害の対象となりやすいことがわかります。

そして、二〇一八年五月には、「政治分野における男女共同参画推進法」（候補者男女均等法）が成立し、国会や地方議会の選挙で候補者数を男女均等にする努力義務が、各政党に課せられることになりました。

こうした法制史は、女性のための正義を要求してきた運動の賜物《たまもの》です。その運動の原動力は、性差別による人間の尊厳の毀損《きそん》への怒りでした。それは正当な怒りであり、世代を超えた協働作業を支えてきました。現代正義論がこの協働作業に貢献できるかどうかは、女性をただ対等な人間として扱うというシンプルな課題をどうこなしていけるかにかかっています。

第五章　グローバルな問題は私たちの課題
――コスモポリタニズム

国籍《ナショナリティ》は遺伝子の資質、人種、ジェンダー、社会的階級などと同様の根深い偶然性に過ぎず、生まれたときから逃れられずに存在する構造的不平等の潜在的な基盤のひとつである。（Pogge, *Realizing Rawls*）

現代はグローバル化の時代です。この時代においては、すべての人間を、人権に関連する何らかの水準において等しく処遇することが求められています。その意味で、現代においてグローバルな正義を論じる思想家は誰でも、コスモポリタン的な視点と無縁ではありません。本章では、世界政府が存在しないなか、諸個人の人権をいかにして保障することができるのかを、現代正義論のコスモポリタンたちとともに考察してゆきます。

1 「私たち」の課題としてのグローバルな問題

地球上の諸国家は、一九四五年に設立された国際連合（国連）を中心として、一般に「国際社会」と呼ばれる社会を形成しています。この国際社会は一九四八年、国連総会で世界人権宣言を採択して以来、地球上のあらゆる個人の「人権」の保障を目指してきました。

世界人権宣言は、第二五条第一項で次のように謳っています。

何人も、衣食住、医療および必要な社会的施設を含め、自己および自己の家族の健康と福祉のためにじゅうぶんな生活水準を享有する権利を有し、かつ、失業、疾病、能力喪失、配偶者の喪失、老齢、または不可抗力によるその他の生活能力の喪失の場合に、保障をうける権利を有する。（『人権宣言集』）

この宣言には法的拘束力はありませんが、国際社会の規範となっています。また、一九六六年には世界人権宣言の内容にもとづいて国際人権規約A（経済的・社会的・文化的権利）と国際人権規約B（市民的・政治的権利）が同じく国連で採択され、批准国を拘束しています。人は誰もが、ただ人間であるという理由で、人間としての権利（人権）を有している――このことが国際社会によって認められたのです。現代正義論におけるコスモポリタニズムは、この事実を原動力の一つとしています。

現代正義論において、正義に「グローバル（global）」という形容詞が付された領域が形成されはじめたのは、一九八〇年代後半から一九九〇年代にかけてのことです。「国際的（international）」という形容詞が付された正義論はそれ以前からありましたが、定義上、それは国家を主体とするものでした。個人を議論の出発点におくものではなかったのです。

個人を主体とする正義の構想を後押ししたのは、グローバル化の進展です。「グローバル化」は「国際化」と同義ではありません。〈国際関係の緊密化〉に加えて、〈国境を越える諸個人のつながりの緊密化〉や〈主体の複数化〉も意味します。アレクサンドロス大王（前三五六―前三二三）の東方遠征に見てとれるように、人間の諸々の活動は昔から国境を越えるものでしたが、それらが地球（the globe）をすべて覆うほどの空間的な広がりをもつようになったのは、一五世紀にはじまる大航海時代以降のことです。また、それらが個人の生活に深くかかわるようになり、他方で多国籍企業が力をもつようになったのは、物流とインターネットのテクノロジーが劇的に進化したここ数十年のことです。

グローバルな不平等

今日の世界には、国境を越えるさまざまな「クラブ」があります。毎年スイスのダボスで開催される「世界経済フォーラム」（ダボス会議）はその一つで、先進国の首脳や多国籍企業のトップが集います。ダボス会議はWTO（世界貿易機関）やG20などとともに世界のルールを策定しているのです。

こうしたクラブを監視しているのが、グローバルな市民社会です。二〇一四年にはダボス会議に先駆けて、国際NGOのオックスファムが驚くべき事実を発表しました。世界人口の最富裕層一％の総資産額が一一〇兆ドルであり、世界の富の約半分を占めている、別様に言えば、なんと世界で最富裕の八五人の資産総額が世界人口の半分の総資産額と等しいというのです。はて、話の規模が大きすぎて、あまりピンとこないかもしれません。もっとも世界銀行の統計では、二〇一六年の日本の一人あたり国民総所得（名目GNI）は三万七九三〇ドルであり、人類全体の一人あたり総所得の一万三一六ドルの三倍以上もあるため、とりあえず日本人には関係のない問題に見えるかもしれません。

でも、実はそうでもないのです。

元世界銀行エコノミストのブランコ・ミラノヴィッチ（一九五三―）は二〇一六年、「世界の全個人の所得水準を評価・比較するのに必要なデータ」にもとづいて、『大不平等――エレファントカーブが予測する未来』を著しました。原題を直訳すると「グローバルな不平等――グローバル化の時代への新しいアプローチ」となります。それによると、ベルリンの壁崩壊による旧東欧諸国の世界経済への復帰や、改革開放政策を通じた中国の世界経済への本格参入によって、所得のグローバルな不平等を把握することが可能になったそうです。

ミラノヴィッチの説は、一九八八年から二〇〇八年の二〇年間に、①上位一％がさらに豊かになったことによりグローバルな不平等は拡大した一方、②中間層の力強い成長があり、産業革命以降のグローバルな不平等は現段階で最高点に達しているものの、縮小傾向にあるというものです。

上位一％の「グローバル超富裕層」と、力強い成長を見せている「グローバル中間層」。

日本の中間層はこの二者の間の「先進国の中間層」に入るのですが、この層の所得は伸び悩んでいます。「グローバル中間層」の台頭により、「先進国の中間層」が「グローバル中間層」に取り込まれ、同様の生活水準を共有するようになると、天然資源の獲得をめぐって、さらには教育や就職の機会をめぐって、熾烈《しれつ》な争いが生じるかもしれません。「どの国に生まれたか」ではなく「どの階層に生まれたか」が、個人の人生の見通しを大きく左右するようになる——グローバルな不平等は誰にとっても問題含みであるということを、ミラノヴィッチは示しているのです。

意外に思われるかもしれませんが、ミラノヴィッチは『大不平等』のなかでロールズの「国際正義論」に言及し、ロールズがグローバルな機会の不平等を問題視していないことを批判しています。ロールズの問題点については次章で改めて取り上げますので、ここではグローバル化に伴う別の問題であるグローバルな貧困について取り上げることにしましょう。

グローバルな貧困

現代正義論においてグローバルな貧困の問題に最も果敢に取り組んできたのは、ドイツ出身の政治哲学者トマス・ポッゲ（一九五三—）です。ポッゲは大学院からハーバード大学に進み、ロールズの指導のもと博士論文を書き上げました。その一部は一九八九年に刊行された*Realizing Rawls*に活《い》かされています。この本のなかでポッゲは、ロールズ正義論をリバタリアニズム（ノージック）とコミュニタリアニズム（サンデル）の批判から擁護し、鍛え直したそれを、国境を越えて拡張適用することを試みました。世界に蔓延《まんえん》する不平等と極度の貧困に、〈基礎構造の改善〉と〈最も不遇な人びとの状況改善〉というロールズ正義論の二つの理念を展開させて応答しようとしたのです。

地球レベルでの極度の貧困、つまりグローバルな貧困とはどのような貧困でしょうか。よく用いられる定義のひとつに「絶対的貧困」があります。アメリカの実業家・政治家のロバート・マクナマラが総裁であった一九六八年から一九八一年の世界銀行は、絶対的貧困を「栄養不足、非識字、病気、不潔な環境、高い乳幼児死亡率、低い平均余命を特徴とする生活状態であり、人間の尊厳に関するいかなる道理的定義の足元に及ばない状態」と定義していました。

ポッゲ

一九九〇年代に世界銀行は、「一日一ドルの生活」という観点を持ち出して、それを国際貧困ライン上の生活としました。二〇〇〇年／二〇〇一年の報告書では、世界人口約六〇億人のうち、半数近い約二八億人が一日二ドル以下で生活しており、また五分の一にあたる約一二億人が一日一ドル以下で生活していたとされています。世界銀行はこの数字を、物価の変動にあわせて、二〇〇八年に一日一・二五ドルに、二〇一五年に現在の一日一・九〇ドルに、それぞれ改定しました。現在ではグローバルな貧者は七億人強と見られています。

しかし、本書でこれまでケイパビリティ・アプローチの紹介において示唆してきたように、貧困を〈財〉の観点でのみ把握するのは近視眼的です。マクナマラの時代の世界銀行が理解を示していたように、貧困は何よりも人間から尊厳を奪うものなのです。ただし、尊厳の定義次第では、地球上のほとんどの人が貧者になる可能性もあります。

そのような想定しうる混乱を避けるための指数として、国連開発計画（UNDP）の「人間開発指数」（HDI）があります。これは、①出生時の平均余命、②平均就学年数、③期待就学年数、④一人あたり国民総所得（GNI）のデータを分析して、健康、教育、所得の複合的要素で各国の人間発展レベル（裏返すと貧困レベル）を把握するものです。UNDPは一九九〇年以来、年次報告書『人間開発報告書』のなかで、各国の「人間開発指数」（HDI）とそのランキングを発表してきました。たとえば、ウェブで公開されている二〇一六年の『人間開発報告書』では、二〇一五年のHDIランキングの第一位はノルウェーで、日本は第一七位となっています。

コスモポリタニズム

このように地球大に拡がるグローバルな貧困は、貧者の人権を毀損しています。この不正義は誰がどのように匡《ただ》すべきものなのでしょうか。

ハンナ・アーレント（一九〇六―一九七五）が『全体主義の起原』（一九五一年）で述べたように、現在の世界秩序では、「諸権利をもつ権利」であるところの国家に所属する権利がなければ人権は保障されません。国籍は、特定の国に居住し、その国の社会保障を受ける権利――さらにはその国を通して人権が保障される権利――を与えてくれます。しかし、個人はどの国に生まれるかを選ぶことができず、また先立つものがなければ合法的に他国に移住することもできません。

このような世界秩序において、国境を越える正義の構想を展開する人びとを広義のコスモポリタンと呼ぶことにしましょう。言語的に言えば、コスモポリタンはギリシア語のコスモポリテースに相当し、宇宙の市民を意味します。歴史上はじめてコスモポリタンを自称した人物として記録が残されているのは、古代ギリシアのキニク派の哲学者ディオゲネス（前四一二―前三二三）です。彼は「あなたはどこの国の人か」と訊《たず》ねられ、「世界市民（コスモポリテース)だ」と答えたと伝えられています。外国からアテナイにやってきた在留外国人(メトイコイ)であったディオゲネスは、女性や奴隷と同様に、市民としてポリスの政治に参画することができませんでした。そのおかげか、彼の世界観はポリスを相対化するものだったのです。

現代のコスモポリタンの代表者であるポッゲは、どのコスモポリタン的立場にも共通する要素を三つ挙げています。

第一に、個人主義。関心の究極単位は諸々の人間ないし諸個人である。例えば家系、部族、エスニックな共同体、文化的な共同体、宗教的な共同体、ネーション、国家などではない。後者はそれぞれの個々のメンバーもしくは市民によって、間接的にのみ、関心の単位となりうる。第二に、普遍性。関心の究極単位という地位は、すべての存命中の人間に等しく与えられている。男性、貴族、アーリア人、白人あるいはイスラム教徒といった部分集合にのみ与えられているのではない。第三に、一般性。この特別な性質にはグローバルな影響力がある。諸個人は、すべての人にとって、関心の究極単位である。同国人や同じ宗教の信者などにとって、ではない。(ポッゲ『なぜ遠くの貧しい人への義務があるのか』、強調は原著、訳文を一部変更)

このような要素をもつコスモポリタニズムは、地球上のすべての個人が各々の属性にかかわらず相互に尊重しあうことを要求します。構想される世界秩序は、現在の世界秩序とはだいぶ異なるものとなりそうです。

2　コスモポリタニズムの正義論

ここではコスモポリタンの視点で説かれた正義、つまりコスモポリタニズムの正義構想を、社会契約説、功利主義、人権説、カント主義の論拠別に検討していきましょう。

社会契約説

まず、社会契約説があります。この説はロールズの原初状態説を応用するものであり、「グローバル原初状態」や「国際的原初状態」を想定するならば、「グローバル格差原理」や「国際的な格差原理」への合意が導かれるはずだと主張します。主体を個人とする場合には「グローバル」、国家とする場合には「国際的」という形容詞が用いられる傾向にあります。

最も早い段階でこの説を唱えたのは、アメリカの政治理論家のチャールズ・ベイツ（一九四九―）です。ベイツは一九七九年に『国際秩序と正義』を刊行し、先進国に有利であった当時の国際経済秩序を批判し、是正の方途を探りました。背景として、一九七四年、国連資源特別総会で「新国際経済秩序樹立に関する宣言」（NIEO宣言）が採択され、途上国にとって公正な国際秩序の形成が目標とされていたことがあります。しかし途上国を利する国際貿易上の優遇措置に先進国が留保条件を付してしまったため、実施が困難となってしまったのです。こうした事態を理論的に解くためにベイツが取り上げたのが、ロールズ正義論でした。

ベイツによれば、国際的原初状態の当事者たちは、「社会の物質的進歩」を促す要素の一つである天然資源の分布が各々の社会の福祉水準を決定すると考えます。そして「一方で資源に恵まれた地域があり、そこに成立した社会は、その自然の富を開発し、繁栄も享受するにちがいない。他方で、それほど恵まれていない社会では、その成員が精一杯の努力を払ってもなお、社会の福祉水準は十分なものとならないだろう」（『国際秩序と正義』）という予想にもとづいて、国際的な格差原理に合意し、天然資源の便益の再分配を求めるというのです。

さらにベイツは、富裕国の人びとが貧困国の人びとの福祉に貢献する相互支援の義務を「慈善の義務」（「人道主義的援助の義務」とも）とし、それとは異なる種類の義務、つまり富裕国の人びとに慈善の義務が要請するものよりも大きい犠牲を要求し、大規模な制度上の改革を求める義務を「正義の義務」（「社会的正義の義務」とも）としました。一般に、寄付やボランティア活動のように遂行すれば賞賛されるけれども遂行しなくても咎《とが》められない義務は「慈善の義務」であり、借りたものを返す義務のように遂行しないと咎められる義務は「正義の義務」と呼ばれます。するとベイツの試みは、グローバルな不平等の是正を「正義の義務」として位置付けようとするものであることが分かります。

先に紹介したポッゲは、初期の著作である *Realizing Rawls*（一九八九年）において、こうしたベイツの取り組みを高く評価し、自らも同様に国際的な基礎構造の不正に取り組みました。天然資源の所有権や種子や薬の知的所有権、関税や補助金を通じての国内市場の保護などが問題視されています。こうした構造のなかで生じるグローバルな貧困は、同じ構造に属する私たちの問題として位置付けられるのです。

余談ですが、一九九四年に成立したＷＴＯ協定の付属議定書の一つ「知的所有権の貿易関連の側面に関する協定」（ＴＲＩＰＳ協定）は、ワクチンと薬品を含む技術発明に対して、有効な特許保護を世界中で二〇年間与えるものでした。特許化されると、たとえば新薬を開発した製薬会社には、製造、価格設定、マーケティングのすべてについて世界的な独占が認められます。しかしそれでは、薬が高額に設定された場合に貧者は薬を手に入れられず死にいたる、という事態が発生します。そこで二〇〇一年一一月のカタール・ドーハでのＷＴＯ閣僚会議では、加盟国が人びとの健康を保護する方策をとることを妨げられてはならないという合意がなされ、特に「HIV／AIDS、結核、マラリアその他の伝染病」などの非常事態においては、必要とされる薬の強制特許実施が許可されることになりました。ヘルスケアにかかわる緊急事態では、薬の現地製造が認められるようになったのです。これは、「知識の所有のありかたを再考し、健康を人権の一つと位置づけ、投資のインセンティヴと生命の保護を両立する市場と制度を構築するような、新しい方法と考え方」だと評価されています（人間の安全保障委員会『安全保障の今日的課題』）。

さて、ポッゲは後に知的所有権に関して、少し見解を変えています。医薬品の「新薬開発レジーム」を提唱するようになったのです。このレジーム（制度）は、製薬会社とバイオテクノロジー企業のイノベーションの観点からそれら企業が有する特許権を保護する必要性に鑑みて、各国政府の拠出による「ヘルスインパクト基金」を設置し、新薬開発の効果（どれだけの人命が救われたか）に応じて基金から各企業に対して報奨金を与えるという制度です。このインセンティヴがうまく働けば、製薬会社とバイオテクノロジー企業は新薬の価格をなるべく安くして、できるだけ多くの人に利用してもらおうとするだろうと予想されています。

グローバルな貧困の削減は正義の義務である——ポッゲは二〇〇二年の著作『なぜ遠くの貧しい人への義務があるのか』で、この正義の義務を強固なものとするために、消極的義務違反説なるものを唱えました。この説によれば、グローバルな貧困は、「グローバル・エリート」――富裕国の政府や途上国の腐敗した統治者に加えて、富裕国の市民も含まれる――による「危害」の帰結と見なされます。グローバルな貧者は、グローバル・エリートからの積極的な関与によって、彼らが本来あるはずの状態（ベースライン）に危害を加えられているというのです。するとグローバル・エリートは、他者に「危害」を加えてはならないという「消極的義務」を履行していないことになります。そのため彼らは、貧者を本来あるはずの状態に戻すために、賠償をしなければならないのです。後述する「地球資源の配当」（GRD）の仕組みは、こうした賠償の方法のひとつとして提案されています。

功利主義

次に、最も単純な形態のコスモポリタニズムと称される功利主義があります。功利主義を論拠とするコスモポリタン的な正義論の第一人者は、オーストラリア出身のピーター・シンガー（一九四六―）です。シンガーは、『哲学と公共的諸問題』という英文雑誌の記念すべき第一号に寄稿した論文「飢えと豊かさと道徳」（一九七二年）において、他国の人びとの命よりも自国のコンコルド（超音速旅客機）開発を優先したイギリス政府を批判しました。当時、東パキスタンで発生した九〇〇万人もの難民が食糧、シェルター、医療ケアの不足から死の淵《ふち》にあるなか、イギリス政府は東パキスタンに寄付した金額の三〇倍以上をコンコルドの開発に充てていたというのです。シンガーはこの論文で、豊かな国の人びとが「最低でも、自分や自分の扶養家族に深刻な苦しみをもたらし始める地点まで寄付をすべきである」と述べ、また「限界効用の水準に達するまで――つまり、それ以上寄付すれば、私が寄付によって軽減しようとしている苦しみと同程度の苦しみを、私自身や私の扶養家族に与えてしまうことになる水準に達するまで――寄付すべきである」（『飢えと豊かさと道徳』）と述べました。通常は国民経済を枠組みとして考察される社会的厚生のパレート最適状態を、地球社会に適用して論じたのです。その要求は過激なものとして注目を集めましたが、その無視しがたい倫理的な主張は現在も影響力を放っており、二〇一五年には、ビル・ゲイツとメリンダ・ゲイツ夫妻の序文付きで、書籍化されるに至っています。

シンガーの大胆な主張は続きます。死は悪いものである。ならば、ある国で飢餓や飢饉《ききん》を原因として死者が発生した場合、他の国の人がそういう状況を知りながらも何らの積極的な行動を取らなかったとすれば、物理的な距離にかかわらず、その人の行為は不正となる。そのため、「海外援助機関に寄付せずに豊かなライフ・スタイルで暮らすことは、エチオピアに渡って農民を何人か射殺することと倫理的に同じことになる」のではないかという、厳しい判定にもとづく問題提起がなされています（シンガー『実践の倫理』）。

しかし、シンガーの主張の過激さはその後和らいだようです。家族や友人、そして自分に親切にしてくれた人びとに対する特別義務を、善い生の観点から認めるものへと変容しています。イギリスの政治思想家ウィリアム・ゴドウィン（一七五六—一八三六）は、「私の」という所有格の道徳的意義を認めないほどの強硬な功利主義者でしたが、『女性の権利の擁護』の著者メアリー・ウルストンクラフトと知り合ってからは考えを改め、結婚をし、子ども（『フランケンシュタイン』の著者メアリー・シェリー）までもうけています。第二章で紹介したノージックもそうでしたが、人生経験がその人の思想に与える影響は侮れません。それでもなお、シンガーの功利主義は今も、諸個人が自らの善い生のために外国の絶対的貧者よりも自国の相対的貧者を優先するという主張を、撥ねつけるものとなっています。

人権説

人権が国際社会の規範となった二〇世紀後半以降、人権説も正義論の根拠となりました。コスモポリタニズムの正義論はこの規範を共有しているため、どの構想も人権の重要性を否定することはありません。ここでは人権を主たる論拠とする正義構想を、人権説を採るものとして取り上げます。

カナダの政治哲学者チャールズ・ジョーンズは、コスモポリタニズムの要素を不偏不党性、普遍性、個人主義、平等主義としています。そして、食料、安全な水、衣服、シェルター、(社会毎《ごと》に異なるだろう水準の) 教育、基本的な保健医療へのアクセスなどを、「理にかなった人ならば人間の生活として認識する必要条件」と見なしています。これらは、最低限の経済的安全を含む生存最低生活の維持にかかわるものとして、基本的人権を構成するとされています。この基本的人権は、アメリカの哲学者ヘンリー・シューの著作 (*Basic Rights: Subsistence, Affluence, and U.S. Foreign Policy*) にならって「サブシステンスの権利」とも呼ばれています。「サブシステンス」は生存最低生活のことを指し、基本的人権の内容の説明として用いやすいためか、人権説でしばしば言及されています。ジョーンズは、世界の主要な諸制度の集合体をロールズ流に「国際的な基礎構造」と呼び、そうした制度を通じて人権を保障することを提唱しているのです。

カント主義

カント主義も論拠になります。

第四章で取り上げたオノラ・オニールは、「カント的フェミニズム」に加えて、「カント的コスモポリタニズム」も論じています。人間には遠くの見知らぬ人びとに対しても責務 (義務) があると理解し、正義は国境を越えて拡張適用されうると考える――このような人びとを、オニールは「(緩やかな意味での)コスモポリタン」と呼んでいます。

オニール自身も(緩やかな意味での)コスモポリタンを標榜しています。国境を越える正義のために、国境が今以上に透過的なものになることに期待を寄せているのです。ただし、「普遍的人権のレトリックとともに漂流」するような類の人気のあるコスモポリタニズムを「抽象的コスモポリタニズム」と呼び、それと一線を画する「実践的コスモポリタニズム」を提唱しています。

実践的コスモポリタニズムとは何か。私たちは日々の実践(プラクティス)において、国境の外部にいる人間であっても、商業活動などを行うための複雑な能力を有した行為者であると通常は想定しています。海外で買い物をすることがあるとして、店員が品物とお金のやり取りの仕方を知らないとしたら、驚きますよね。なぜ驚くかというと、その店員は品物とお金のやり取りの仕方を知っているはずだとの想定が、私たちの側にあるからです。国境の内部にいる外国人についても同様の想定がなされていると言えるでしょう。

したがって、このような実践に照らして道徳的関心の射程範囲を考察するオニールからすると、現代社会では道徳的関心の射程範囲はコスモポリタン的になります。グローバル化によって実践の範囲が拡がり、またその内容が明らかになるにつれ、道徳的関心の射程範囲も脱国境化しているのです。これについてオニールは次のように述べています。

今日では、正真正銘の隠遁生活を送っているごく少数の人びとだけが、行為する際に認識しているに違いない道徳的関心の射程範囲を、決して広範ではないものとして、またいくつかのコンテクストではほぼコスモポリタンなものとして、首尾一貫して見なすことができる。（オニール『正義の境界』）

第二章で取り上げたクリストファー・ナイトは、森のなかで、手が届く範囲にあるものにしか意識が向かなくなりました。子どもの頃から目が悪く、いよいよ眼鏡の具合が悪くなっても、気にならなくなりました。森のなかで一人きりの生活では、道徳的関心の射程範囲は自《おの》ずと極小化したことでしょう。しかし、「約束を守る」という道徳的関心の射程範囲は、意外と広かったようです。二七年間で二度、他の人間と遭遇しましたが、二度目の遭遇——逮捕される数ヵ月前に、雪遊びをしている釣り人家族と出くわしたこと——については、しばらく口を開かなかったそうです。その理由は、その釣り人家族と、互いに遭遇したことを秘密にしておくという誓いを交わしたから、というものでした。相手方は遭遇時に、ナイトがその地で噂《うわさ》の隠者（盗人）であることに気がついたそうですが、彼らもナイトの逮捕後までは口外しないという誓いを守っていたのです。

しょうか。

3　さまざまな具体的提案

ではこれらのコスモポリタニズムの正義論は、具体的にどのような提案を掲げているので

1　寄付

功利主義者のシンガーは、ユニセフ等の国際機関やオックスファム等のNGOに対する寄付を推奨しています。二〇一五年までに世界の貧困と飢餓を半減するという国連の「ミレニアム開発目標」（MDGs）が話題となっていた頃には、MDGsの達成は先進国の成人一人ひとりが毎年一〇〇ドルの寄付を二〇〇〇年から一五年間行うことで可能だという見解を示していました。先進国の成人にとって毎年一〇〇ドル程度の寄付は生死にかかわるほどの負担ではないという主張とともに、こうした寄付行為が強く推奨されていました。

より最近では、道徳判断の基準を「数」におく行為が推奨されています。何をすべきかを考えるときに、どれだけ多くの命を救えるか（あるいはどれだけ多くの人の基本的ニーズを充たせるか）で考えようという呼びかけです。シンガーの呼びかけに応えた人のなかには、誰

かの命を助けるために、自分の二つの腎臓のうち一つを臓器移植に提供した人もいます。できるだけ多くの貧者を救うために、自分の生活レベルを下げた人もいます。このように数に力点をおく功利主義は「効果的な利他主義」と呼ばれ、シンガーの二〇一五年の著作『あなたが世界のためにできるたったひとつのこと』をバイブルとするシリコンバレーの若い高額所得者などのあいだで、ムーヴメントとなっているそうです。

2 世界税――地球資源税

社会契約説の拡張適用を試みていた頃のポッゲは、「地球資源税」の制度を構想していました。これは、天然資源の分布の偶発性と、所有権の設定という社会的事実とがもたらす不正義を匡すための仕組みです。その目的は、すべての人に尊厳と基本的ニーズが充たされた暮らしを保障することだとされていました。

この構想には四つの段階があります。第一段階では国内における資源の利用に応じた課税が行われ、第二段階では諸国家が国内でその資源税をとりまとめ、第三段階では国際社会によって認定された特定の貧困国に対して諸国家から直接の譲渡がなされ、第四段階では貧困国内部における再分配が行われるというものです。ポッゲは、地球資源税が少なくともグローバルな貧困の現状を改善へと向かわせる効果をもつと期待していました。というのも地球資源税は、「慈善の義務」ではなく「正義の義務」にもとづくものであり、援助国と被援助国の間の政治的駆け引きを必要としないために効率的だと思われたからです。

ただしポッゲは、消極的義務違反説を唱えるようになるにつれて、地球資源税を「グローバルな資源の配当」（GRD）として構想し直しました。GRDは、領土内の天然資源に対する各政府の所有権を制限し、天然資源の販売ないし利用の便益の一部を天然資源へのアクセスをほとんど持たない世界の貧者に配当するという仕組みです。この構想では、天然資源は優先株と同様の役割を担い、世界の貧者は株主と同様の役割を担うと考えられています。

2　世界税――グローバル基金税

第二章で紹介した左派リバタリアンのヒレル・スタイナーは、『権利論』の議論を発展させて、グローバル基金税と呼びうる仕組みを構想しています。実のところ、リバタリアニズムはリベラリズムと同じかそれ以上に、コスモポリタニズムと両立する思想です。アナーキズムに近いリバタリアニズムはもとより、国家に道具的価値しか見出さない種類のリバタリアニズムならば、コスモポリタニズムとの両立可能性は高いでしょう。

さて、スタイナーが提案するのは、グローバル基金のスキームです。曰く、個人が損害賠償の義務と契約履行の義務を他者の干渉から自由に果たすためには、原初の権利として自分の身体と天然資源へのアクセスが他者と等しく保護されている必要がある。そして、天然資源へのアクセスが「他者に十分よく」残されていない場合には、他者よりも多く獲得した人は、多く獲得した分の価値と相当額の賠償の責を負うと考えられる。この天然資源はどこかの領地（陸・海・空）に存在しており、その領地の価値はそこに存在する天然資源の総価値を表すと見なすことができる。その領地の価値をグローバルに足し上げ、それを世界人口で割るならば、一人あたりの原初の取り分がわかる。したがって、領地の所有者（私人あるいは国家）は、その領地の価値と等しい価値をグローバル基金に払い込む義務を負う。各国の政治過程は支払い金額をあれこれすることはできないが、誰が支払いの責任を負うのかに関しての選択肢は有する。そして世界の人々は、その基金の平等な取り分に対する権利を持つ。

グローバルな徴税と分配の仕組みの構築には、新たな権力主体の出現という問題がありま す。しかし、ポッゲのGRD案やスタイナーのグローバル基金税案は、すでに存在する国家や国際機関を利用することによって実現可能かもしれません。

2　世界税――その他

正義論者によるものではありませんが、いくつかの案が出されています。たとえば一九九五年、国連開発計画（UNDP）は世界社会開発サミットの開催にあわせて、グローバル社会保障制度の創設と、その財源としての世界所得税を提案しました。具体的には、一人あたり国民総生産が一万ドル以上の国で〇・一％の世界所得税を課し、見込まれる年間二百億ドルの税収を一人あたり国民総生産が二千ドル以下の国に対して分配するというものでした。低所得諸国と一概に言っても、人間開発指数（ＨＤＩ）や国民総生産における軍事費の割合にばらつきがあるため、それに応じて分配金を加減することも考慮に入れられていました。

また直接の目的は異なりますが、経済学者も世界税を提案しています。アメリカの経済学者で一九八一年のノーベル経済学賞受賞者のジェームズ・トービン（一九一八―二〇〇二）は、先物契約やオプション取引を含む投機的な通貨取引に、世界一律の国際税を課すことを提案しました。市場の変動性から国際通貨制度を保全するためには〇・五％程度の税率で十分であり、その収益は国際機関にゆだねられ、国際的な目的に使用されるのが妥当であるというのです。トービン税は変動の激しい市場に「砂をまく」ことを目的としていますが、ＮＧＯのＡＴＴＡＣは、その税収を持続可能な開発の資金に充てようと主張しました。トービン税の「ロビンフッド税」としての可能性に着目してのことです。「ロビンフッド税」とは、貪欲な僧侶や富裕な貴族らを襲って略奪品を貧しい者に施した伝説の義賊（日本でいう所の鼠小僧次郎吉）の名前にちなむものです。

また、資本主義を規制するという目的での世界的な資本税は、トマ・ピケティ（一九七一ー）も『21世紀の資本』（二〇一三年）のなかで提案しています。税率は例として挙げられている限りですが、たとえば百万ユーロ以下の純資産には〇％、百万〜五百万ユーロでは一％、五百万ユーロ以上には二％といった率などなので、ほとんどの人には直接的な支払い責務は発生しないと思われます。

3　ヘルスケアワーカーの移動規制

ニュージーランドの政治哲学者ジリアン・ブロック（一九六三―）は、二〇〇九年の著作*Global Justice*で、社会契約説と人権説をミックスさせた議論を展開しています。その主張は、ロールズ的な構成主義的手続きからは、グローバルな格差原理ではなく「ニーズ基底的な最低下限原理」が導かれるというものです。その理路をここで詳しく説明することができないのは残念ですが、この原理によって、人びとのまっとうな生活を確かなものとするためのグローバルな社会的・政治的な制度編成が要求されることになります。

そのような制度編成としてブロックが提案するものの一つが、人びとの移動の自由に条件を課すこと、特に途上国から先進国へ働きに来るヘルスケアワーカーの入国を規制することです。このアイデアはマイケル・ブレイクとの二〇一五年の共著でも展開されています。

ブロックは次のように考えます。ヘルスケアワーク（看護職や介護職）につく移民は、母国で教育を受けている場合が多い。その「頭脳流出」によって、母国は訓練のコスト、技術とサービスの喪失、制度構築のために必要な人的財産の損失を被る。ならば、移民自身、もしくは移民を雇う組織（病院や国家）が、移民の母国に対して適切な補償――たとえば訓練にかかったコストの五倍の金銭など――を支払うのが適切ではないか。あるいは移民が出国税を支払う、移民が支払う所得税を母国へ返還させる、移民を母国で一定期間働かせる強制サービスプログラムを実施するといったことも、考えられるのではないか、などなど。こうした提案は、〈移民の移動の自由〉と〈移民が母国に対して持つ責任〉とのバランスを取ろうとするものです。

ブロックの提案は、先進国が移民を受け入れるだけでは、グローバルな貧困のローカルな諸原因に取り組めないという現実を踏まえたものとなっており、十分な検討に値すると思われます。

4　正義の遂行主体としての多国籍企業

多国籍企業を正義の遂行主体として位置付けようとする提案もあります。正義の遂行主体は、正義を遂行する力があり、統制がきき、またそのケイパビリティがある主体のことです。国境を越える空間において、正義の遂行主体はこれまで、国家と国際機関、そしてより最近ではNGOであると考えられてきました。しかし、国境を越えた影響力を及ぼしている主体のひとつであり、また「ある種の不正な状況を変革するために必要とされるケイパビリティを実際のところ効果的に維持している」多国籍企業を、グローバルな正義の遂行主体として認めるべきではないのか——このように論じているのが、スイスのビジネス倫理学者フロリアン・ヴェットシュタインです。

ヴェットシュタインは、多国籍企業への期待を抱く理由について、次のように論じています。

> 世界の多くの場所で、グローバルな人権の状況は悪化している。この惑星の何億もの人びとにとって、屈辱と、彼らの最も基本的な人権の体系的な毀損が、今でも日々の生活の基幹をなしている。だが、もし諸国家がますます、この受け入れられない状況に自力では取り組めないようになっているならば、立ち上がって、このような状況の改善に責任を負うべきなのは、いったい誰なのか。(Wettstein, *Multinational Corporations and Global Justice*)

ヴェットシュタインは多国籍企業を、グローバルな領域における「準政府的制度」として位置付けようとしています。政治的な権威を有する存在として見なそうということです。多国籍企業は実際、伝統的に政府と排他的に結びついてきた権威を獲得しつつあります。ダボス会議では、各国首脳と多国籍企業のリーダーが肩を並べています。国境を越えたネットワークを駆使して、グローバルなレベルで多大な影響力を及ぼしています。このような多国籍企業には、グローバルな社会のなかで、国家に準ずる政治的責任があるというのです。

この政治的責任についてヴェットシュタインは、次のように述べています。

> 権利基底的なコスモポリタン的正義の観点から多国籍企業の社会的役割を吟味すると……社会的責任の議論を諸徳の領域を超えて社会正義の圏域まで拡張し、また企業の社会的責任という概念と通常は結びつけられている自発性の想定を捨てるべきことが示される。正義の責務は自発的なものでも潜在的な経済的ペイオフに依存するものでもない。それは道徳的に負われたものであり、ゆえに無条件でかつ強制的なものである。
>
> (Wettstein, *Multinational Corporations and Global Justice*)

多国籍企業の責任は、「慈善の義務」ではなく「正義の義務」であるというのが、ヴェットシュタインの見解です。多国籍企業の社会的責任を正義の観点で捉えるならば、企業の力は富の量ではなく構造変革のケイパビリティで測られることになります。途上国が内的に抱える問題を、経済成長ではなく人権の観点で解釈する能力と、自社のビジネス・モデルを人権の観点で編み直す能力で測られることになるのです。

具体的な提案の例としては、人権侵害に直接的・間接的につながるビジネスを行わないことや、グローバルな価値連鎖を通じて人権を保護すること、さらには人権侵害を行っている不正な政府に対して侵害を止《や》めるよう働きかけることなどが挙げられています。

企業の責務をどう捉えるか

グローバルな価値連鎖を通じた人権の保護の一例として次のようなものがあります。

アパレル・メーカーのリーバイ・ストラウス社は一九九二年、バングラデシュの契約工場で発覚した児童労働の実態を受けて、就学年齢の子どもたちにこれまでの給料と同じ金額を支払いつつ、学校に通わせ、授業料と本代も支払うという方針に転換しました。バングラデシュでは、子どもが働いて得た賃金で家族が生活していることが多く、また、出生記録がなかったり低栄養のため実年齢よりも若く見えることがあったりするという特殊な状況があるものの、リーバイ・ストラウス社には一五歳あるいは義務教育修了年齢以下の児童を雇用しないという活動条件があったため、法定労働年齢に達するまでは雇用しないという方針をとったのです。このような企業の社会的責任を貫くという経営側の姿勢に対し、目先の利益を求める株主は反発しましたが、それに対してリーバイ・ストラウス社は株式上場を廃止し、今日に至っています。

私企業である多国籍企業にこれほどの期待をかけるのは無理筋だという意見があるかもしれません。しかし、私企業の言わば公共化は、緩やかに進んでいるように見えます。一九九九年のダボス会議で、当時の国連事務総長コフィ・アナンは、「グローバル・コンパクト」なるものを提唱しました。これは、人権、労働、環境、腐敗防止の四分野で、ある一定の基準を充たした企業を認定する仕組みとなっており、日本企業も名を連ねています。

人間は社会に生きていますが、社会は国境で区切られるものだけではありません。したがって現代において正義を語る場合、国境内部の社会だけではなく、国境を越えてつながっている社会にも目を向ける必要があります。人びとは——アーレントの述べた意味で「諸権利を持つ権利」がある限り——いずれかの国家の市民であり、それゆえに市民として負っている義務があります。しかしそれに加えて、人びとは地球を共有しているがゆえに、このグローバルな社会の一員として負っている義務もあるのです。

第六章　国民国家と正義

――ナショナリズム

通常の状況ではナショナリティへの無関心を公言している者でさえ、ネーション全体の運命が全体として左右されかねないような例外的な瞬間には、アイデンティティ感覚が高まって自分自身の安寧が共同体の安寧と分かちがたく結びついていることに思い至ることは、大いに起こりうることなのである。（ミラー『ナショナリティについて』）

どのような家庭に生まれた子どもであっても〈対等な市民としての暮らし〉を享受できる社会を理想としたロールズ。その正義論は「自己完結したナショナルな共同体」の内部にある社会を想定していました。しかし、グローバル化が進む現代、自己完結した社会を想定することには無理があります。人権の規範化を受けて、どこで生きようとも〈対等なグローバル市民としての暮らし〉を享受できる社会を構想することが喫緊の課題となっています。とはいえ、国家やネーションへの人びとの信頼は厚く、また愛国心も人間的生の一側面として受け入れられています。本章では、現代正義論のうち何らかのしかたで「国民国家」を重要視する立場を「ナショナリズム」とし、それがグローバル社会のなかでどのような正義を論じうるのかの道筋を立てます。

1　国家主義

ロールズの『諸人民の法』

ロールズの『正義論』は国内社会を対象とするものでしたが、原著で五〇〇頁（日本語版で八〇〇頁）に及ぶ論述のなかに、国際正義に関する議論を少し含んでいました。兵役の良心的拒否について論じる際に、初期選択状況の想定による「諸国民の法（the law of nations）」の導出可能性を示唆していたのです。

ここでもまた、当事者たち——この場合は複数の国家を代表する者たち——に認められているのは、自らの利益を保護するための合理的選択をなすにあたってのじゅうぶんな程度の知識のみであり、自分たちの中でより恵まれた者たちがその特別な状況に乗じることができるほどの知識ではない。この原初状態は諸国民の間で公正であり、歴史的命運の偶発性や偏向を無にする。国家間の正義はこのように解釈された原初状態で選択されると考えられる原理によって決定される。これらの原理は他の国民に向けられた公共政策を律するものであるため政治的な原理である。（ロールズ『正義論』）

ロールズが『正義論』を準備した一九六〇年代という時代性と、彼自身の従軍経験とに鑑みれば、その国際正義論が「国家間の正義」を主題とするものであったことは、理解に難くありません。

では、ロールズが晩年に改めて提示した国際正義論は、どのようなものだったのでしょうか。一九九三年のアムネスティ連続講義で「諸人民の法（the law of peoples）」（邦訳では「万民の法」）というタイトルの報告がなされ、その内容に加筆修正した『諸人民の法』（邦訳書では『万民の法』）という著作が一九九九年に刊行されました。この正義構想は、主権と独自の政治文化をもつ「人民（a people）」を主体として立て、複数存在する人民相互の関係を以下の八つの原理で統制するものです。

①諸人民は自由で独立しており、その自由と独立は他の諸人民によって尊重されなければならない。
②諸人民は条約や協約を遵守しなければならない。
③諸人民は平等であり、自らを拘束する合意の当事者である。
④諸人民は内政不干渉の義務を遵守しなければならない。
⑤諸人民は自衛権をもつが、自衛以外の理由での開戦権をもたない。
⑥諸人民は人権を尊重しなければならない。
⑦諸人民は戦争行為において、一定の明記された制限を遵守しなければならない。
⑧諸人民は、正義にかなっているかまっとうな政治的・社会的体制を妨げるような好ましくない条件下にある、他の諸人民を援助する義務をもつ。

このリストは「諸人民の法」と呼ばれ、リベラルな諸人民の外交政策の指針となるべきものとして提唱されています。

「人民」とは

このようにロールズは「国民（a nation）」や「国家（a state）」ではなく、「人民（a people）」を主体とする国際正義を構想しています。人民というと、ロールズが敬愛するリンカーン大統領の有名なゲティスバーグ演説「人民の、人民による、人民のための統治」が想起されます。主権在民、つまり主権の在りかとしての人間の集合体を指すのです。

人民という用語を用いる理由を、ロールズは次のように述べています。曰く、一六一八年にヨーロッパで勃発し、一六四八年のウェストファリア条約で締めくくられた三十年戦争以来、国際法は国家主権をほとんど無制限に認めるものであった。しかし、第二次世界大戦以降の国際法の強化によって国家主権が制限されてきたこと――国家がもつ〈自衛のための先制攻撃の権利〉と国家の〈政治的自律〉を制限する傾向――を踏まえると、「国家」という用語の使用は時代にそぐわない。無制限の主権を有する国家である「政治的国家」を示唆してしまうからである。むしろ、理にかなっている政府と道徳的性格をもつ「人民」、あるいはまっとうな政府と道徳的性格をもつ「人民」の方が、理想理論の主体としては適切である。加えて、征服と移民によって一つの国家の内部に異なる文化と歴史的記憶をもつ集団、すなわち「ネーション」が共生するようになった。このネーションは政治的というよりは文化的な観念として機能している。ゆえに、国際正義の構想の主体として国家やネーションという用語は適切ではない……。

要約すれば「人民」は、理想的な状況を描いた理論（理想理論）の主体であり、制限された主権を有する、理にかなっている国家、あるいはまっとうな国家の主権者ことです。

人権の効力

ロールズの国際正義の構想には、人権が規範として盛り込まれています。「諸人民の法」の第六原理（二一六頁）をご覧ください。「諸人民は人権を尊重しなければならない」とありますね。ロールズは人権を「奴隷状態や隷属からの自由、良心の自由（しかし、これは必ずしも、良心の平等な自由ではないのだが）、大量殺戮やジェノサイドからの民族集団の安全保障といった、特別な種類の差し迫った権利」としていて、具体的な内容として以下を掲げています。

①生存権〔サブシステンス〔生存最低生活〕と安全を確保するための手段〕
②自由権〔奴隷制、農奴制、強制労働から解放される自由〕
③財産権〔個人的財産権〕
④自然本性的正義のルールとして表現される形式的平等〔類似のケースは類似の仕方で取り扱われるべきこと〕

これらの権利がなぜ人権であるのかは、説明されていません。これまで本書で見てきたように、『正義論』の第一原理が保障する「基本的諸自由」は結局のところ、社会契約説の伝統が自然権とした自由および権利と合衆国憲法が認めた自由および権利〔理想化された私たちの判断〕を、反照的均衡にかけたものだったと言えます。半ば哲学的、半ば民主的なものなのです。しかしこのような具体的な説明は、人権に関してなされていません。ロールズは前章で紹介したヘンリー・シューが説く「サブシステンスの権利」を「生存権」と呼び、自身の人権の定義の一部として利用していることは明らかにしているのですが。

そのため構想への密輸入ではないかとも思われる人権ではありますが、いまだ「人民」とはなっていないがゆえに国際社会の外部におかれる二種類の国家にも適用されるほど強い規範性をもっています。

この二種類の国家とは拡張主義国家と途上国（ロールズの用語ではそれぞれ「ならず者国家」と「重荷を背負った社会」）です。拡張主義国家は王朝型で、自国の覇権を拡大するために他国に戦争をしかけ、当地の人びとの人権を侵害します。近代ヨーロッパの実例として、「ヨーロッパの大部分を一時は配下に置こうとした、初期近代のスペイン、フランス、ハプスブルク家や、あるいはより最近ではドイツ」が挙げられています。こうした国家に対する政治的、経済的、軍事的な介入が、国際社会の側に容認されます。また、そうした国家の内部で人権が侵害されている場合にも、同様の介入が容認されます。ただしロールズは、「こうした事柄について何をすべきかということは、本質的に政治的判断の問題であり、さまざまな政策について予測される帰結を政治的にどう評価するかによって決まる」として、拡張主義国家への介入には慎重な姿勢を見せています。

他方で途上国は、国際社会の脅威とはなっていないものの、政治的・社会的条件によって秩序ある政府を設立できずにいる国家です。実例として、人口政策や女性政策に失敗した中国、バングラデシュ、コロンビア、ブラジル等が挙がっています。人権規範は、こうした国家に対する「援助義務」を、国際社会の側に発生させるのです。それは、途上国がその内部で秩序ある状態になるまで、つまりその内部で人権が遵守されかつ独自の正義が達成されるようになるまで、アドバイスを与えたり、はっきりとは言われませんが物質的に支援をしたりする義務です。

このようにしてみると、ロールズの国際正義の構想は、地表上のすべての個人の人権保障を理念として含んでいることから、ひとまずはグローバル正義の構想として位置付けることができそうです。

ロールズのコミュニタリアニズム

『諸人民の法』はロールズの晩年の著作であるため、そこで示される国際正義の原理にも、政治的リベラリズムへの軌道修正の影響があります。国際社会（ロールズの用語では「諸人民の社会」）には、現実世界の欧米諸国に相当する「リベラルな諸人民」（理にかなっている国家）が存在する一方、オマーンのような階層制で諮問《しもん》制の宗教国家に相当する「リベラルではないがまっとうな諸人民」（まっとうな国家）が存在すると想定されています。リベラルな国家の内部にも増して多元的な国際社会では、政治的リベラリズムの基準を緩めて容認しうる包括的世界観を増やす必要があると考えたロールズは──世界人権宣言に言及しつつも──人権のリストを限定的なものとしたのです。

ここで、本書でこれまで取り上げてきた立場に照らして、その構想の特徴を二つ指摘しておきましょう。

第一に、コミュニタリアン的な要素があります。ロールズは次のように述べています。

それ自体で善きものであるような文化や生活様式が存在するかどうか――私はそれが存在すると信じているが――こうした深遠な問題はさておき、諸々の個人や結社にとって、自分たちの固有の文化に帰属し、その共通の公共的・市民的生活に参画することは、一つの善である。ある特定の政治文化に所属するということ、そして、その市民的・社会的世界を知り尽くし、心おきない状態にあるということに、このようにして表現があたえられ、その成就を見るのである。これは、決して小さなことではない。秩序だった複数の政体からなる一つの社会によって、異なる文化の対立や敵意を飼い慣らすことができるならば――そして、これは可能なことであるように思われる――こうした議論は、人民の自己決定という観念、ならびに、緩やかで連合的な形態をとった諸人民の社会という観念のための重要な空間を確保し続けることに貢献するものとなるからである。
（ロールズ『万民の法』、訳語を一部変更）

サンデルかウォルツァーが「グローバルな一のなかの多」を構想することがあるならば、このような議論をするかもしれません。ロールズの思考は国境を越えるやいなや、（関心が向かうべき）主体を個人から国家に移し替え、個人にその個人が帰属するとされる結社（国家）の政治文化を負わせることになります。ここには、「国家としてまとまっている民族は、個々の人間と同じように判断されてよい」という『永遠平和のために』（一七九五年）のカントの議論の踏襲があると言えます。

カントは、フランスとプロイセンが一七九五年に結んだバーゼル平和条約を不十分であるとして、『永遠平和のために』において平和が維持される条件を模索しました。「諸国家がそれぞれ自分の正義を主張する仕方は、当事者のほかに裁判所がある場合のように、審理という形をとることは不可能で、ただ戦争という形をとるほかない」という現実主義的な認識の上で、「理性は道徳的に立法する最高権力の座から、係争解決の手続きとしての戦争を断乎として処罰し、これに対して平和の状態を直接の義務とする」という理想を掲げ、諸国家が永遠平和のために契約を交わし、平和連合という法的正義の状態に入ることを提案したのです。

法的正義とは、法に従うことで保たれる正義という意味ですが、ここでカントが提示したのが「世界市民法」（コスモポリタン法）の理念です。国際法とは異なる理念としての世界市民法があればこそ、永遠平和がいつか実現するという考えです。その理念は世界国家の樹立を要請するものではありませんでした。すべての人間が「地球の表面を共同に所有する権利に基づいて、たがいに交際を申し出ることができる」という「訪問の権利」（傍点は原訳書）と、その実践を通じた共和制の諸国による世界市民体制の形成が論じられたのです。

ロールズの反コスモポリタニズム

『諸人民の法』の構想には第二に、反コスモポリタニズムの要素があります。

ロールズによれば、コスモポリタニズムとは「各々の国内社会が正義に適った諸制度をその内部で確立した後になってもなお、さらなるグローバルな分配の必要をめぐる問題が存在することになる」とし、「諸個人の福利に関心を持ち、それゆえ、全世界で最も困窮している人の状況を改善することができるか否かということに関心を持つ」思想です。対して、「諸人民の法」の最終目標は、諸国家に「自由と平等」をもたらすこと、つまり言ってみれば〈対等な人民としての暮らし〉を保障することにあります。そしてこの〈対等な人民としての暮らし〉は、国家間にどのような経済格差があろうとも確立しうるものだと考えられています。ロールズの国際正義の構想において、『正義論』の第二原理がカバーするような社会的・経済的な一定程度の平等が目標とされていないのはそのためです。

第五章で取り上げたベイツやポッゲの議論とだいぶ違いますね。ベイツやポッゲは、国際的な経済格差の是正を正義と見なしました。しかしロールズはやや独断的な見解から、国際的な経済格差を正義の問題とは見なしていません。

そのような見解の一つは、一国内部で貧富の格差を縮めるべき理由は「格差のせいで、烙印《スティグマ》を押され、劣った存在と見なされる市民」の創出が正義に反するものであるからですが、国際社会においてはそうではないというものです。

それゆえ、リベラルな社会、ないしはまっとうな社会においては、尊敬表現で扱われる身分を社会的につくりあげるような慣行は止めにしなければならない。こうした慣行は、そのような扱いを受けない人々の自尊の念を、不当にも傷つける可能性があるからである。いま仮に、ある国の市民が、他国の市民の方がずっと金持ちであるという理由で、自分たちが劣っていると感じ、しかも、こうした感情が正当であるとするならば、諸人民の社会の基礎構造についても、国内の場合と同じことが言えることだろう。だが、援助義務がきちんと遂行され、各人民が自分たち自身のリベラルな政府、ないしはまっとうな政府を有しているような場合には、こうした感情は決して正当化されるものではない。というのも、このような状態にまで到達しているのならば、各人民が、自国社会の富の意義や重要性にかんし、自らの力でその調整を行うものだからである。それが満足のいくものでない場合には、人民には貯蓄を増やすことも可能であるし、もしそれが難しいようなら、諸人民の社会のその他のメンバーから、資金を借りることも可能なのである。（ロールズ『万民の法』、傍点は原訳書、訳語を一部変更）

ロールズは、相対的に貧しい諸国家の人びとの感情への共感可能性を閉ざし、それら国家が資金を借りられる協同組合銀行の制度や、公正な貿易制度などがあれば十分だとしています。

もう一つの見解は、貧困の原因は国内にあるというものです。曰く、各国の政治文化やそのメンバーの誠実さと勤勉さ、イノベーション能力などや、そうしたものにもとづく人口政策の失敗や低い投資率などが原因である。資源が乏しいながらも経済成長を遂げた日本と、資源が豊富ながらも深刻な貧困がはびこったままのアルゼンチンを対比すれば、天然資源の有無は問題ではない、などなど。

このように貧困を国内問題とし、国際的／グローバルな原因を探ろうとしない立場を、ポッゲは「説明的ナショナリズム」と呼んでいます。ポッゲは開発経済学におけるこうした立場を批判する際にこの名称を用いたのですが、ロールズの国際正義論にも類似の批判が当てはまりそうです。『大不平等』のミラノヴィッチも、ロールズが富と機会の国際格差を各国の選択の結果と見なしていることを問題視しています。

ローールズの構想には、グローバルに見て人権が侵害されている諸個人はいるけれども、「最も不遇な人びと」は存在しません。社会の秩序は人為であり、人びとが偶発性に身を任せる必然性はないというロールズの信念は、国境で止まっているかのようです。すべての個人は自由で平等であるというロールズの道徳的直観は、その構想に究極的には国内制度へのこだわりを棄《す》てさせ、コスモポリタニズムを受け入れさせるはずだ――こう信じていたポッゲは、ロールズの国際正義の構想を「哲学的歪曲《わいきょく》」として批判しています。

実際ロールズは『諸人民の法』で、「国際的な原初状態」を用いて八つの原理を正当化しています。本来なら、実質的な〈対等な人民としての暮らし〉のために、少なくとも生存レベル以上の平等を、正義の事柄として要求してもおかしくないのです。リベラルな諸人民とまっとうな諸人民の代表である当事者たちは、無知のヴェールの背後に置かれているのですから……。

ロールズ以降の国家主義

ロールズのように、社会的・経済的な正義の問題を国内問題とする立場を、「国家主義」と呼ぶことにしましょう。

哲学者のトマス・ネーゲル（一九三七―）は、グローバルな問題へのロールズのアプローチを、「正義の政治的構想」によるものとして支持しています。これは、正義を包括的な道徳体系から導出するのではなく、特定の政治的価値として理解する構想のことです。曰く、国家内部の市民は国家外部の人間とは共有しない特別な関係、なにより強制権力の共有という関係にあり、特定の政治的価値に根ざして生活している。国内正義とグローバル正義は性質の異なるものであり、それぞれの原理も異なる。なかには既に獲得された権益を政治的価値とし、またそれを正義の基準としている国家もある。そのため、国家間の既得権益の格差はやむをえないものであり、いま「特権のない諸国」の人びとが被っている不正義は、未来の正義と相殺されればよい……。ネーゲルはこのような考えを、「政治的構想は特権のある諸国の大抵の人びとに受け入れられていると思われるため、正当であるにせよ不当であるにせよ、これからの出来事を決定するという重大な役割をもつだろうという部分的な理由にもとづいて」、やむをえないとしています。

ロールズ産業の中心人物として知られるサミュエル・フリーマンも、ロールズのアプローチを支持しています。その理由は、社会的・経済的な分配的正義は社会的協働を前提とし、その社会的協働は自分たちの社会的・経済的な運命を政治的に決定するという人民の能力と民主国家を必要とする、というものです。社会的協働は経済的なものであるのみならず、政治的なものでもあるため、体系的な基本法のシステムがなければ成り立たない。国境によって区切られた諸制度があってはじめて可能となるというのです。

ともにロールズの弟子であるネーゲルとフリーマンの国家主義には、「正義とは強者の利益に過ぎない」という序章で検討したプラトンの対話篇の登場人物トラシュマコスとカリクレスの現実主義のかけらが見て取れます。既得権益のある国家や社会的協働がうまくいっている国家の外部にいる人びとには、説得力に欠ける議論だからです。

特にフリーマンの説は整合的ではないように思われます。フリーマンは、国際的な諸制度によってグローバルなビジネスと労働慣行を規制し、労働者を搾取から守る必要性を説いていますし、実例としてアメリカの大企業ウォルマートが開発途上国で村々の全村民を雇用してたった一製品しか生産していないことを問題視しています。現在、日本の西友も子会社としている多国籍企業ウォルマートの創業者は、サム・ウォルトン。二〇一六年のウォルトン一族の純資産は約一三兆円となっています。ウォルマートがアメリカで納税しているとして、そのビジネスの利得をアメリカ人民だけで社会的協働の果実として分かちあうことは、はたして正当なのでしょうか。

そもそもロールズの正義論は、ただ右から左に富を再分配することだけを求めているのではなく、経済権力を分散し、政治権力の集中を防ごうというものでした。グローバル社会における〈対等な人民としての暮らし〉を実現するためにも、国家主義による国際正義論は参考程度にとどめておくべきものだと言えます。

2 リベラル・ナショナリズム

前節でみた国家主義の国際正義論は実のところ、グローバルな問題のひとつとして近年特にその重大さが認識されつつある難民問題においては、柔軟に対応できると思われます。なぜなら、国家主義が重要視しているのは、国家の諸制度と、それらによって醸成された政治文化（政治的価値）だからです。

前章で取り上げたピーター・シンガーは、この点を突いた議論を展開しています。曰く、国家という制度の共有から生まれる義務は、たまたまその制度下にいる人びとによって負われているに過ぎない。意欲をもって新たにその制度に参加する人びと——たとえば入国を許可された難民など——によっても容易に負われるものなのだ、と。

たいていの人びとは国家の中に生まれるが、その多くは国家の価値観や伝統にはほとんど注意を払わない。それらを拒絶する者もいるかもしれない。豊かな国々の国境を越えたところには何百万人もの難民が、それらの国々の共同体の一部になる機会を必死に求めている。「もし私たちが彼らの入国を認めたら、彼らはこの国で生まれた国民に比べて、共同体から受け取った利益に対してお返しする心積もりが少ないだろう」と考える理由はまったくない。こうした難民の入国を認めずに、彼らは私たちの共同体の成員ではなく私たちとは何の互恵的関係も持っていないと主張して、誰を助けるか決める際に彼らに背を向けて差別するのは、公平とは思えない。（シンガー『グローバリゼーションの倫理学』）

したがって、もし国家主義の国際正義論が難民の受け入れに難色を示す、あるいは拒否するものであるとすれば、その理由はすでに受け入れ国に居住している人びとの既得権益の保持にある——「われわれ」の自由と権利の擁護へと、論点が移ってゆくのです。

ネーションとは

そこで登場するのがネーションです。

ネーションの語源はラテン語の natio で、血縁・郷土を同じくする者という意味です。ネーションについては、『想像の共同体』（一九八三年）を著したベネディクト・アンダーソンのものをはじめ、さまざまな理論が蓄積されています。ロールズは『諸人民の法』のなかで、ネーションを共感によって結ばれた文化的集団と理解しています。

このように共同体の一種であるネーションの自由と権利を何らかのしかたで要求する思想・運動がナショナリズムです。現在の国民国家システムでは、ネーション（国民）をステート（国家）の人民と一致させようとする動きがあります。今日では、カナダからの独立を目指したケベック州、スペインからの独立を目指すカタルーニャ州、イラクからの独立を目指すクルド人自治区などのナショナリズムがあります。ケベック人、カタルーニャ人、クルド人は、それぞれ一つのネーションとして政治的な独立を目指したのです。そのためネーションのメンバーと見なされない人びとは、異邦人となるか国外に追いやられることになります。ナショナリズムが血で血を洗う争いを招きうることは、そう遠くない歴史において明らかです。

ナショナリティについて

現代正義論でネーションを主体として持ち出すのは、イギリスの政治哲学者デイヴィッド・ミラー（一九四六―）です。オックスフォード大学で教えています。二〇一一年七月、法哲学・社会哲学国際学会連合日本支部と日本法哲学会の共催による第一〇回神戸記念レクチャー「人権とグローバルな正義」のため来日しました。

ミラーによれば、社会正義は、個々のネーションに特有の共通の諸価値とそれらの分配基準とを伴います。そのため、ともに社会正義が達成されているネーション1とネーション2では、諸価値の分配のされ方が異なるというのです。分配の対象となる諸価値（善、財）には、その社会（ネーション）で培われてきた独自の意味があり、あらゆる社会に当てはまる社会正義の基準は存在しない。この意味で、ミラーの社会正義論と、コミュニタリアンの社会正義論には、類似性が見て取れます。

ただし、ミラーの社会正義論はあくまでも「ネーション」を主体とするものです。そしてその構想は、どんなに洗練された解釈においてもナショナリズムには危険が伴うという理由から、「ナショナリティ」という観念を中心に据えるものとなっています。

ミラー

ナショナリティは、三つの命題を含むものとされています。第一に、ナショナル・アイデンティティはアイデンティティの本質的な一部であること。第二に、ナショナルな境界線は倫理的なものであり、外部に対して内部の人びとを排他的に利することがすでに正当化されていること。第三に、政治的な自己決定への権利要求を保持していること。

さて、第一の命題と第三の命題は比較的わかりやすいように思います。日本人としてのアイデンティティが前面に出てくる機会はスポーツの国際試合の応援などにおいてよくありますし、他国による自国の内政（政治的な自己決定）干渉を快く思わないこともあるでしょう。

第二の「ナショナルな境界線は倫理的」という箇所、つまり国境は倫理的であるということについては、ミラーが「ネーション」をひとつの善として捉えており、それに特別な地位を与えていることをもってすれば理解しやすいかもしれません。ロールズと異なりミラーは、国境の内部にひとつのナショナリティしかないと考えているようです。ただしそのナショナリティは、特定の民族などによってのみ共有されるものではなく、多元性と熟議に開かれたものだとされています。人びとの協働作業によって創造されるものなのです。

このようなナショナリティによって、社会正義とそれを支える民主主義は可能になる——ナショナルな共同体のなかでしかロールズ流のリベラリズムは成功しないと、ミラーは論じています。曰く、

社会正義の枠組み、とくに、市場での取引を通じて自活できない者に対する再分配を含む枠組みを各個人が支持する条件について考えるとき、信頼は特別な重要性を帯びる

ようになる。この意味での福祉国家を目指し、同時に民主的な正統性も保持しようとする国家は、構成員がそうした正義の義務をお互いに承認しあっている共同体に基礎を置いていなければならない……ナショナルな共同体は、実際にこの種の共同体である。こうして、社会のもっとも恵まれない構成員の利益をもたらす再分配を要求する正義原理を擁護するロールズのような政治哲学者は、正義原理は、構成員が連帯の絆を承認している共同体においてのみ実現されることを暗黙裡に前提としている。（ミラー『ナショナリティについて』）

このようにネーションやナショナリティを福祉志向のリベラリズムの条件とする思想は「リベラル・ナショナリズム」と呼ばれています。同様の議論は、「人々が他人のために犠牲を払おうとする可能性が高まるかどうかは、他人を「われわれの仲間」であると思えるかどうかに左右される。だから、国民的アイデンティティの意識の促進はリベラルな正義の維持に必要な相互義務の意識を強化するのである」（『現代政治理論』）と述べる、カナダの政治哲学者ウィル・キムリッカ（一九六二―）によっても提示されています。

ミラーのグローバル正義論

ミラーのグローバル正義論は、こうしたナショナリティ研究の延長線上にあります。グローバルな問題は、「過去から受け継いできたナショナル・アイデンティティをもってしては対処しようのない新しい政治的挑戦」として理解されています。二〇〇七年に刊行された『国際正義とは何か』(原題は「ナショナルな責任とグローバルな正義」)にある以下の文章は、ミラーの考えをよく表しています。

たとえば、世界の貧困者に対する私たちの責任は、原則として同胞市民に対する責任とまったく同一であるとするコスモポリタン的見解に私は反対した。私たちが社会正義の問題として同国人に負っている義務のすべてを、私たちは世界の貧困者に負っているわけではないのである。とりわけ、グローバルな正義というものが何を意味するにせよ、それは(資源、機会、福祉などの)グローバルな平等を意味しないのであり、したがってさまざまな社会の間に存在する不平等が完全に平均化されるようにグローバルな秩序を改変する必要はない。他方で私は、正義の問題として全人類に課されているグローバル・ミニマムという考え方を擁護してきたが、それは一連の基本的人権としてもっともよく理解することができる。現在、多くの社会がその構成員に対してこれらの権利を保障することができない以上、それを保障する責任はその社会の外部の人々にふりかかってくることになりそうである。（ミラー『国際正義とは何か』）

この引用文から窺えるように、ミラーの構想のなかでは、ナショナリティの重要視と人権規範の尊重は両立しています。これは多くの人にとって魅力的で現実的な構想だと思われますが、問題は、そのような人権規範から生じるグローバルな正義の原理とは何か、ということでしょう。

ミラーは二種類の原理を掲げています。

ひとつは「基本的人権の普遍的保護」です。どの社会においても認められる普遍的な人間的活動を「労働、遊戯、学習、家族の扶養など」に見出し、こうした活動からなる生活を人間らしい生活としています。そしてそのような生活を営むための基本的ニーズとして「食物や水、衣服や安全な場所、身体的安全、医療、教育、労働と余暇、移動や良心や表現の自由など」を掲げ、人間にはこうした基本的ニーズへの権利があるとしています。万人に当てはまるグローバル・ミニマムとそれへの諸個人の権利があり、それに抵触するナショナリズムの要求は認められないのです。

もう一つは「国際的協働の参加諸国のあいだで純利得を平等にするために、協働の費用と便益を公正に配分すること」です。ミラーは複数のネーションが国際的な協働に従事している世界を想定しています。その上で、分配的正義の問題が、「多様な人間的結合の形態」や「ネーション横断的な次元で個人と集団との間に存在している一連の複雑な関係」において生じていることを認めています。たとえば、多国籍企業において生じる賃金の公平性をめぐる問題や、国際的な宗教団体のメンバーの平等な処遇の原則をめぐる問題、などなど。方策についての具体的提案は乏しいものの、こうしたネーション横断的な人間的結合や複雑さを反映したグローバル正義の理論の必要性はしっかりと認識されています。

ナショナルな責任と正義の間隙

こうしてみると、ミラーをコスモポリタンとして位置付け、その正義論を第五章で紹介することもできたのではないかとも思えます。

しかし、そうもいかないのです。というのも、ミラーは「ナショナルな責任」と「ナショナルな諸価値」という観念を用いて、とどのつまり富裕国は何もしなくても許されるという結論を不可避にしてしまっているからです。

その理路は次のようなものです。「正義の義務であるもの」と「正義の義務でないもの」（人道の義務など）の区別がある。前者は後者よりも要求される自己犠牲の程度が大きく、諸国家やNGOに分配されることが望ましい。また、その義務の履行に際して、第三者による監視・制裁がありうる。しかし、「結果を招いた責任」と「救済する責任」という責任概念の区別もある。「救済する責任」が「正義の義務」に移行するのは——どのケースでその移行が生じるのかはミラーの道徳的直観によるのですが——、輸出品の価格急落による収入の減少や天災など、誰にも「結果を招いた責任」がない場合で、かつ救済能力のある側に「救済する責任」が生じる場合である。そして「ナショナルな責任」がある場合には、救済する「正義の義務」は誰にも生じない——。

このようにミラーは、基本的人権が侵害されている状況があるとしても、そのすべてが直ちに「正義の義務」の対象となるとは考えていません。

この「ナショナルな責任」が曲者《くせもの》ですね。「ナショナルな責任」とは、地政学的条件、天然資源の保有の有無、貧困を招きやすい文化や制度といった国内要因を巧みに操ることができないことから生じる、ナショナリティをともにする人びとの集合的責任のことです。マレーシアのように経済成長を通じて貧困から脱《ぬ》けだした国が実際にあるのだから、そうすることに失敗しているネーションにはネーション全体にその責任がある、という主張です。GDPの大部分を自分たちのスイスの銀行口座に流し込む指導者たちや、軍事費に充当することで貧困を再生産している指導者たちを「黙過」しているときにも、「ナショナルな責任」があることになります。ただしミラーは、北朝鮮のように人びとがほぼ完全に支配されている社会には「ナショナルな責任」論は当てはまらないとしています。

さらに持ち出されるのが「正義の間隙」なるものです。これはミラーの用語であり、貧困国の人びとが正義の事柄として正当に権利主張しうること（特に自分たちの人権の保護）と、富裕国の人びとが正義の事柄として責務を負っていること（貧困国の人びとの権利主張を充たすためにどの程度まで犠牲になるのか）の間にある、隔たりを指します。たとえば、自国の農産物を自由市場で売りたい貧困国が一方に、他方に昔ながらの田園風景を守るために国内農業に補助金を出している先進国がある場合、あるいはまた、他国からの人道的介入を通じたジェノサイドの鎮圧を望んでいる国が一方に、他方で永世中立国であるために海外での平和維持活動を最小限に止《とど》めなければならない国がある場合、この間隙が存在すると言われています。

こうした間隙は、「すべての社会がそのメンバーにまともな生活を提供できるようになるまで」無くならないだろうというのが、ミラーの予想です。諸国が他国に対して救済責任の履行を期待できるのは唯一、自然災害のような場合だけである。またそれも相互援助の契約――お互い困ったときには助け合おうという合意――がある場合のみだと言うのです。

ミラーはこのような見解を「現実主義」とし、「現実主義は悲観主義ではない」と言い放っています。しかし、富裕国が何もしなくてもやむをえないという結論を現実主義として正当化するやり方には、正義論としては、あまり感心できません。

とはいえ、ネーションを倫理的共同体とし、ナショナルな境界線を重視しているミラーが、グローバル・ミニマム（基本的人権）という理念を擁護し、同国人への特別義務に優先する人類への一般義務があることを認めていることは、意外な展開であり、人権規範の影響力の強さを感じさせます。

3　愛国心は誰にとっての正義なのか

そもそもなぜ、国家やナショナリティを共有する人びとが特別なのでしょうか。現代の国民国家は大規模であり、その人口の大多数は顔を合わせたことがない人びとです。「同国人の何がそれほど特別なのか？」（一九八八年）という論文を著したロバート・グッディン（一九五〇—）は、各人が同国人に対してもつ「特別義務」、そして国家がその市民に対してもつ最小限の基本的ニーズを提供するという「特別義務」を、「責任の割り当てモデル」で説明しています。それによると特別義務は、すべての人はすべての他者を支援しなければならないという「一般義務」が近接性に応じて割り当てられたものに過ぎません。たまたま同じ国家の市民だっただけ、という理由です。したがって、最小限の基本的ニーズが充たされていない無国籍者や難民に対しては、誰もがその一般義務を遂行しなければならないということになります。その義務は、特別義務が割り振られる前に誰もが負っていた一般義務の剰余という意味で「剰余義務」と呼ばれます。

特別義務を相互に利益を与え合う義務として理解する「相互利益社会モデル」で説明すると、利益をもたらす見込みのない難民などの受け入れは拒否することが理にかなってしまうため、「責任の割り当てモデル」の方が優れているとグッディンは述べています。国家やナショナリティを重要視する正義論の多くは国境内部での「相互利益社会モデル」を採用していると言えるかもしれません。

難民の境遇

ここで、グッディンのモデルにある「剰余義務」の遂行対象となる事例を取り上げたいと思います。難民問題です。

二〇一五年九月、トルコの海岸で三歳の男の子の死体が発見されました。名前はアイラン・クルディ君。両親と兄の四人家族です。シリアからのクルド人難民としてトルコに滞在していましたが、よりましな生活を求めて、ヨーロッパの玄関となるギリシアの島へ向かう途中でした。パスポートがないため、密航業者に費用を支払い、早朝にボートで出発しましたが、すぐにボートが転覆。アイラン君はトルコの海岸に打ち上げられました。お父さんだけが生き残りました。

アイラン君の遺体を抱き上げるトルコの海岸警備員を写した写真は、世界中に配信され、衝撃を与えました。

四〇年以上にわたる独裁政治から内戦へと混乱が続くシリア。国外に出た難民だけでも数百万人と言われています。ごく普通の暮らしをしていた人びとが居場所を奪われ、犯罪者でも悪徳者でもないのにまるでそうであるかのような扱いを受け、人間らしい暮らしをするための自由と権利を確かなものとするために、ヨーロッパへの辛く苦しい道を辿っています。イギリス人ジャーナリストのパトリック・キングズレーの『シリア難民』（二〇一六年）に収録されている、スウェーデンへの長く過酷な旅路を辿ったハーシム・スキームのメッセージには、以下の一文があります。

> シリアは、とても暮らしていけない地獄《インフェルノ》に変わってしまいました。人々の日常は崩壊し、安全な場所を求めて逃げ回らなければならなくなりました。でも、逃げるたびに、地獄は勢いを増して追いかけてきます。人々は家を失い、投獄され、屈辱的な扱いを受

けました。
この国を離れなければ、自分も子供たちもダメになってしまう。非常に難しいことでしたが、正しい決断でした。私の子供たちにはもう住む家がなく、学校もない。シリアにとどまっていれば、武器や戦争に囲まれて育つことが普通になってしまう。だから国を出るしかなかったのです。

以前から難民問題を抱えていたEU諸国には、二〇一五年、「難民危機」と呼ばれる重大な事態が生じていました。シリアからの難民だけではなく、アフリカからの難民も合わせて、地中海では密航ボートの事故で多数の人びとが亡くなっています。玄関口となるイタリアとギリシアには二〇一五年の一年間で一〇〇万人以上の難民が到着し、他のEU諸国に難民受け入れを増やすよう分担を求めていました。

EUには域内の移動の自由があります。しかしこの大量の難民の流入を防ごうと、国境を閉ざす動きが強まっていました。そのなかで報道されたアイラン君の写真は、EU諸国のリーダーたちに「道徳的な責任」（イギリスの当時のデイヴィッド・キャメロン首相の言葉）を痛感させ、ドイツのように難民の受け入れ数を増やす国もありました。ミラーも二〇一六年の著作 *Strangers in Our Midst* のあとがきで、二〇一五年のヨーロッパでの難民危機を受けて、困窮者を助けるという「善きサマリア人」の精神、つまり「弱いコスモポリタニズム」が、入国してきた難民に対する積極的な支援を要請すると述べています。

しかし、EUでは極右政党の存在感が増し、ミラーが示したナショナリティの第二の命題の後半部分にある、「外部に対して内部の人びとを排他的に利する」動きが高まっています。二〇一六年六月、イギリスではEU離脱を問う国民投票が行われました。離脱派が僅差で残留派を上回った背景には、難民をこれ以上受け入れたくないという人びとの思いがあったと推測されます。

難民問題をどう解決するのか。本書がこれまで強調してきた社会的協働説ではうまく説明できない、新しい種類の正義の問題がクローズアップされています。これは同時に、国家以外の正義の遂行主体としてどういった存在を認めうるのかという問題も浮上させています。エジプトの実業家ナギーブ・サウィーリスは難民救済の名乗りをあげ、イタリアかギリシアの無人島を購入し、「アイラン島」と名付け、そこにビジネスを起こし、難民や移民がそこに住まい働けるようにするという構想を発表しました。奇抜なアイデアですが、一笑に付すことのできない現実味のある案だと思われます。

UNHCR（国連難民高等弁務官事務所）によると、二〇一六年の難民は二二五〇万人。難民発生国で見るとシリア難民が五五〇万人、アフガニスタン難民が二五〇万人、南スーダン難民が一四〇万人です。そして受け入れ国ではトルコが二九〇万人、パキスタンが一四〇万人、レバノンが一〇〇万人となっています。同年に日本が認定した難民は二八人でした。

国を愛するということ

「われわれ」の自由や権利を守るという民主的決定を前に、正義論には何ができるでしょうか。

ロールズは『諸人民の法』において、「適正な愛国心（パトリオティズム）」を自己肯定感としていました。その自己肯定感とは「市民の自由と高潔さ、および国内の政治的・社会的諸制度の正義とまっとうさ」に、さらには「市民の公共的・市民的文化の成果」に依拠するものだとされています。また、他の人民との優劣を争うものではないため、愛国的な諸人民であっても互いに尊重しあうことができると考えられています。

実際、当のアメリカ社会にも、「国民としての誇りの情念」や「共有された国民的アイデンティティの感覚」を鼓舞する愛国的な思想があることが伝えられています。一九九六年、アメリカの『ボストン・レヴュー』誌上でパトリオティズム派とコスモポリタニズム派の論争があり、『国を愛するということ』という書物としてまとめられました。コスモポリタニズム派の立場からこの論争をリードしたヌスバウムによれば、この論争の背景には、当時のアメリカに国境によって区切られた内向きの課題を提出するという一国主義的な思想潮流と、自国の繁栄が他国のコストの上に成立していることを反省する視座の欠如があり、それによってアメリカ社会の正しさが憂慮されていたそうです。もし愛国心が人びとを自国中心主義に突き動かし、世界のなかにある祖国の正しさを危うくするものなのであれば、現代正義論はその限界を指摘しなければなりません。

そもそも愛国心とはなんでしょうか。

古代ローマのキケロは、生まれによる祖国と市民権による祖国を対比して、次のように述べていました。

自治都市の住民はすべて二つの祖国、つまり一つは自然による祖国、もう一つは市民権による祖国をもっている……そのようにわたしたちは、めいめいが生まれた場所のみでなく、市民として受け入れられた場所も祖国と考えるのだ。しかし、何にもまして愛情を注がなければならないのは、それによって市民全体が国家という名をもつことになる祖国、そのためにわたしたちが生命を捨て、それに自己のいっさいを捧げ、そこにわたしたちの所有物のすべてを供え、いわば奉納しなければならない祖国である。だが、わたしたちを生んだ祖国を愛しく思う気持ちが、わたしたちを市民として受け入れた祖国を愛しく思う気持ちに大きく劣るというのではない。（キケロ「法律について」）

キケロにとって市民権による祖国は「レスプブリカ」(res publica)、つまり公共的なるものであり、奉仕の対象でした。そこでの愛国心は祖国を共にする同胞市民への愛だと言えますが、それは生まれによる祖国への愛と両立するものでした。

そして歴史家のエルンスト・カントロヴィッチ（一八九五―一九六三）が伝えるところによると、中世ヨーロッパでは、世俗国家がキリスト教会の神秘性を模倣するようになり、「頭がキリストである教会の神秘体」ならぬ「頭が君主である国家の神秘体」と化しました。「祖国のための」死が「神の義のための」死と同じ価値を持つと見なされるようになり、国を愛するということが敬虔《けいけん》な犠牲を伴うものとなったのです。カントロヴィッチ自身は、ドイツ領ポーゼン（現在のポーランド・ポズナン）で生まれ、第一次世界大戦にはドイツ兵として従軍し、ドイツの大学で学位を取りまた教えていたにもかかわらず、ユダヤ人であるという理由だけで祖国を追われ、アメリカに渡った人でした。

現代になり、コミュニタリアンのウォルツァーは、リベラル－コミュニタリアン論争以前の著作『義務に関する十一の試論』（一九七〇年）で、真の共同生活が存在すると考えている人には、国家のために死ぬ道徳的義務があると論じました。そのような共同生活はないと考えている人にはそのような義務はないが、その人は「道徳的異邦人」である。国家内部での「生きる権利」は保障されているが、その生は「善い生」ではない、と。しかしマッキンタイアは『美徳なき時代』のなかで、「愛国心（patriotism）という徳は、私たちに十全な意味での祖国（*patria*）がないために、かつてのものではありえない」と述べています。

なぜ現代社会には「十全な意味での祖国」がないのでしょうか。マッキンタイアによれば、それは「政府が市民たちの道徳的共同体を表現することも代表することもしないで、その代わりに、その政府が一揃いの制度的取り決めになっていて、それが正真正銘の道徳上のコンセンサスを欠いている」ことによります。官僚主義化し、政治的責務の本性が不明瞭になった社会では、政府は、市民たちの道徳的共同体との結びつきを失っている。そのなかで市民は「私の国への、私の共同体への忠誠」という徳をもち続けることができるとしても、その政府に対する責任や政府のなかでの責任を果たすという徳を実行することができなくなるのです。

市民たちの善い生を考慮することをやめた政府と、政府への責任を果たさなくなった市民によって、かつての意味での愛国心は「追放された」——現代社会における善い生は、もはやマッキンタイアが説くような伝統的な物語的秩序に即するものではありませんが、ここでの彼の見解には一理あります。真の愛国心は「私をたまたま支配している政府への服従」ではないこともマッキンタイアは示唆しています。そのような偽の愛国心の流布への懸念は、「結局のところ愛国心が奉仕しようとしている価値ある目標のいくつか――たとえば、正義と平等という価値ある道徳的理想に国民が一体となって献身するという目標――を破壊してしまうことになると信じる」という『国を愛するということ』におけるヌスバウムの懸念につながるものであるように思えます。

私たちに必要なのは、現代社会における正義を前進させる愛国心です。

アメリカ独立戦争当時、独立を支持してアメリカの市民権を得たイギリス人リチャード・プライス（一七二三―一七九一）は、祖国愛をもつこととコスモポリタンであることが両立可能だとして、次のように述べました。

> 私たちは、私たちのさまざまな環境と能力とが許すあらゆる手段によって、祖国の利益を求めるべきであるが、しかし同時に私たちは、私たちが世界の市民であることを考えるべきであり、そうして他の諸国の諸権利に対する正当な顧慮を維持するように配慮すべきである。（プライス『祖国愛について』）

国民国家は世界のなかにあり、その世界には諸個人がいます。引用文中でプライスは「他国の諸権利」としていますが、あらゆる個人の人権が規範となった現代では、「他国の諸個人の諸権利」とすることが適切だと思われます。コスモポリタン的な顧慮を伴う愛国心は、自国の諸個人と他国の諸個人の両方にとっての正義を――祖国の民主的正統性を取り戻すなかで――実現する力となるのです。

終　章　社会に生きる哲学者

――これからの世界へ向けて

これまで本書では、リベラリズム、リバタリアニズム、コミュニタリアニズム、フェミニズム、コスモポリタニズム、そしてナショナリズムという現代正義論の六つの立場が競合している様子を描いてきました。皆さんはどれに最も親しみを覚えたでしょうか。

ロールズの『正義論』からスタートした現代正義論は、個人の不可侵なるものとは何であるかを模索すると同時に、社会的協働の産物である自由、権利、財／資源、そして義務の分配もテーマとしてきました。六つの立場は、何を誰にどう分配するのが正しいのかに関して、切磋琢磨《せっさたくま》しているのです。

人権が規範として受容された現代社会においては、人権の分配（保障）も正義論の射程に入っています。本書を通して言えることは、〈対等な人間としての暮らし〉を地球上の全員に保障するために、「グローバル市民権」を考える機が熟してきたということです。誰もが生まれたときの国籍あるいは市民権に加えて、グローバル市民権を享受するとするならば、人びとはどこに行ってもグローバル・ミニマムの暮らしが保障されうることになります。人びとには地球上に存在する人間であるがゆえにこのグローバル市民権を非常事態において行使する権利があるとし、他方で受け入れのケイパビリティがある諸国には受け入れの義務があるとします。たとえばＨＤＩ（人間開発指数）のランキングに応じた受け入れの義務の分配も考えられるでしょう。これからの正義論には、こうした構想の展開が望まれます。

そして、そのような構想の十全な展開の鍵を握るのが、民主主義です。なぜなら、個人の自由と権利を守る砦《とりで》が民主主義だからです。

美しい国をつくる民主主義

プラトンは『国家』のなかで、民主制における人びとの生き方について、ソクラテスに次のように語ってもらっています。


「ではまず第一に、この人々は自由であり、またこの国家には自由が支配していて、何でも話せる言論の自由が行きわたっているとともに、そこでは何でも思いどおりのことを行なうことが放任されているのではないかね？」

「いかにも、そう言われています」と彼は答えた。

「しかるに、そのような放任のあるところでは、人それぞれがそれぞれの気に入るような、自分なりの生活の仕方を設計することになるのは明らかだ」

「明らかです」

「したがって、思うにこの国制のもとでは、他のどの国よりも最も多種多様な人間たちが生まれてくることだろう」

「ええ、むろん」

「おそらくは」とぼくは言った、「これはさまざまの国制のなかでも、いちばん美しい国制かもしれないね。ちょうど、あらゆる華やかな色彩をほどこされた色とりどりの着物のように、この国制も、あらゆる習俗によって多彩にいろどられているので、この上なく美しく見えるだろう。そしてたぶん」とぼくはつづけた、「ちょうど多彩の模様を見て感心する子供や女たちと同じように、この国制を最も美しい国制であると判定する人々も、さぞ多いことだろう」


ここでの「彼」は、プラトンの長兄アデイマントスです。この場面でソクラテスとアデイマントスは、国制の変遷についてやり取りをしています。「富へのあくことなき欲求と、金儲けのために他のすべてをなおざりにすること」によって滅ぼされた寡頭《かとう》制は、民主制へと変化します。この民主制国家が善と規定するものが自由です。「じっさい、君はたぶん、民主制のもとにある国で、こんなふうに言われているのを聞くことだろう」とソクラテスは言います。「この〈自由〉こそは、民主制国家がもっている最も善きものであって、まさにそれゆえに、生まれついての自由な人間が住むに値するのは、ただこの国だけである、と」。しかしこの民主制もまた、自由へのあくなき欲求のために崩壊するとされています。僭主《せんしゅ》独裁制になるのです。

プラトンは、師匠のソクラテスを死刑にしたアテナイの民主制を恨んでいました。それもあって彼は「優秀者支配制」すなわち哲人王による政治を最善の国制としているのですが、最も美しい国制としての民主制の可能性に言及せざるをえませんでした。本書で示唆してきたように、自由（個人の幸福）と民主主義（社会の公正）は現代社会の双子の価値です。個人の自由とそれを支える権利のために、民主主義の手当てをし、独裁への変化を止めなければなりません。

多層社会を生きる哲人市民

問題は、誰がどのように民主主義をケアしていくかです。諸個人の自由の暴走を防ぐことに加えて、民主的正統性も確かなものとしていかなければなりません。国内社会から国際社会へ、そしてグローバル社会へと、諸個人の生きる社会が多層化するなかで、この課題への取り組みは困難を極めているように思います。

序章で紹介した「哲学とデモクラシー」のなかでウォルツァーは、政治共同体に生きる哲学者が、「共同体に関与する哲学者、つまり、ソフィスト、批評家、ジャーナリスト、知識人」であり、そうした社会的役割のリスクを負わなければならない存在だと述べています。そしてそのような哲学者が受け入れるべきリスクを、ウォルツァーは二つ示していました。一つは「洞窟」のなかの真理であろうとも、民主的決定にはかなわないというリスク。つまり社会に生きる哲学者は民主的決定を受け入れなければならない、ということです。もう一つは個別主義を取らざるをえないというリスク。つまり社会に生きる哲学者は普遍主義を諦めなければならない、ということです。

しかし、これらのリスクは厭《いと》うべきものではないということを、現代正義論の歩みは示しているのではないでしょうか。民主主義は手当てできるものであり、人間の生は多元的であることが承認されつつあります。そして人間には新たな観点で哲学をする力量があることを、ロールズは次のように示唆しています。

ひとたび、理解力が成熟し、社会における自分の立場を認識するにいたり、他者の観点を取ることができるようになるならば、社会的協働の公正な条項（fair terms）を確立することで達成される相互の便益を人びとは正しく評価する。私たちは他者に対する生来の共感を有し、仲間意識や自制に由来する喜びへの生得的な感受性を持っている。そしてこれらのことは、ひとたび私たちが、適切に一般的な視点から仲間との関係をしっかり把握するならば、道徳的情操の情緒的な基礎を提供してくれる。（ロールズ『正義論』）

多元的な社会において、民主主義をケアしていかなければならないのは、私たちデモス（民衆）です。古代ギリシア世界と比べて、哲学と民主主義の距離はぐっと縮まっています。なによりデモス（有権者）の幅が拡がっており、また教育の普及によって哲学の担い手が格段に増えました。私たちは実際に、哲学的素養をもって、民主的決定に参画しているのです。この哲学と民主主義の相互作用が顕著に見られるのが、現代正義論というフィールドです。私たちが社会に生きる哲学者として、正義に関する民主的合意の道を探っていかなければ、権力者による「正義」の私的使用の悪化はとどまるところを知らないでしょう。

社会に生きる哲学者をプラトンの「哲人王」にちなんで「哲人市民」と呼ぶことができるかもしれません。哲人市民は民主的決定を重んじると同時に、その正当性に無関心ではいられません。政府との道徳的な結びつきを求め続けるなかで、民主的正統性の向上にも寄与することができるのです。

さて、哲人市民になるには、どうしたらいいのでしょうか。

この世界で希望を持ち続けるために

就学前の子どもたちは「金平糖《コンペイトー》みたいに色とりどり」です。それが小学校に入った途端に「みんなとおなじ」であることが求められます。教科書通りの解答が求められるなか、他者と違う言動をすると排除されてしまうという経験を重ねて、「黙っていることが得策だ」と考えるようになります。

このことは、サンデルが取り上げる有名な「暴走する路面電車の問題」への回答に顕著に見られます。サンデルは『これからの「正義」の話をしよう』で次のように問うています。

あなたは路面電車の運転士で、時速六〇マイル（約九六キロメートル）で疾走している。前方を見ると、五人の作業員が工具を手に線路上に立っている。電車を止めようとするのだが、できない。ブレーキがきかないのだ。頭が真っ白になる。五人の作業員をはねれば、全員が死ぬとわかっているからだ（はっきりそうわかっているものとする）……ふと、右側へとそれる待避線が目に入る。そこにも作業員がいる。だが、一人だけだ。路面電車を待避線に向ければ、一人の作業員は死ぬが、五人は助けられることに気づく……どうすべきだろうか？

もう一つ別の物語を考えてみよう。今度は、あなたは運転士ではなく傍観者で、線路を見降ろす橋の上に立っている（今回は待避線はない）。線路上を路面電車が走っている。前方には作業員が五人いる。ここでも、ブレーキはきかない。路面電車はまさに五人をはねる寸前だ。大惨事を防ぐ手立ては見つからない――そのとき、隣にとても太った男がいるのに気がつく。あなたはその男を橋から突き落とし、疾走してくる路面電車の行く手を阻むことができる。その男は死ぬだろう。だが、五人の作業員は助かる（あなたは自分で跳び降りることも考えるが、小柄すぎて電車を止められないことがわかっている）……その太った男を線路上に突き落とすのは正しい行為だろうか。

これらの問いに対して、「自分が運転士だったら何もしない」「自分が橋の上から見降ろしている人だったら何もしない」という消極的な「選択」をする人が多いようです。しかしこの消極性は、〈正義とは何であるか〉という問いへの関心が薄いことから生じているのではありません。そうではなく、考えること、自分の考えを述べること、他者の考えを聞くこと、そして議論を重ねることの機会が少なかったことから生じているのです。

人間の脳には、生まれつき正義のアルゴリズムが実装されているわけではありません。正義は社会のなかで学んでゆくものであり、他者とともに創造してゆくものなのです。ロールズが希望を持っているように、人間には感受性と共感能力と理解力があるからこそ、不正を感じ、正義を欲するのではないでしょうか。

人間がこの世界で自分と他者のために希望を持ち続けるためには、多くの哲人市民の支えが必要です。現代社会において、正義は哲学と民主主義の協働の産物ですが、その公共的使用の方法を学校では教えてくれないとしたら、自分たちで学ぶしかありません。

現代正義論はそのためのツールであると言えます。

あとがき

本書の企画は、二〇一六年の夏に、中公新書編集部の吉田亮子さんからお手紙をいただいたことによりスタートしました。ロールズ以降の正義論について書いた拙書に関心をもってくださった吉田さんは、一般の読者に広く長く読まれ、また社会正義について問題提起をし、その解決に向けての方途を示せるような本の出版を提案されました。その提案に魅力を感じて二つ返事で引き受け、何度かお会いしてお話しをさせていただくなかで本書の構想を練りました。しかし実際に書きはじめてみると、正義について書くということの困難を身にしみて感じました。正確を期そうとすると冗長になり、簡潔に書こうとすると嘘っぽくなってしまうのです。

結果としてロールズ以降の正義論を六つの視点で整理・検討しつつ、主要な思想家や文献を紹介するというスタイルをとりました。また、理屈っぽい話を柔らかく伝えることができればという思いから、「ですます調」を用いました。これらによって本書が少しでも読みやすくなっていれば幸いです。筆者の筆の遅さに耐え、草稿を丹念に読み、的確なコメントをくださった吉田さんに、この場を借りて厚く御礼を申し上げます。着実に企画を進めるそのお姿に勇気づけられました。また、校閲などの編集作業をしてくださった皆さんにも深く感謝しております。当然ながら、本書の詰めの甘さ等のいたらない点は筆者ひとりの責に帰します。

執筆を進めるにあたって多くの方々のお世話になりました。特に学生と家族には感謝しています。「正義とは何か」という厄介な問題の対話相手となってくれたのは学生と家族でした。筆者が勤める立命館大学総合心理学部の「政治と人間」を受講した皆さん、また同経営学部で「哲学と人間」を受講した皆さん、ときには細かすぎる話に付き合ってくださり、ありがとうございました。立命館大学文学部の二〇一七年度の心理学特殊講義では、少人数クラスにて本書の草稿にもとづく授業を行わせていただきました。学生の皆さんの質問やコメントには気付かされることが多々あり、また世代の溝を埋めるための工夫の必要性もひしひしと感じました。本書ではそれらに十分応えられていないかもしれませんが、これは今後の糧にしたいと思います。

最後に本書を、この世界で正義を求めているすべての人に捧げるとともに、二〇一八年三月一〇日に他界したあおにも捧げます。

二〇一八年七月　地鏡きらめく上町台地にて

神島裕子

Immigration, Harvard University Press, 2016.

Nagel, Thomas. "The Problem of Global Justice," *Philosophy and Public Affairs*, 33(2), 2005.

Nussbaum, Martha C. "Aristotelian Social Democracy," in *Liberalism and the Good,* edited by R. Bruce Douglass et al, Routledge, 1990.

——*Sex and Social Justice*, Oxford University Press, 2000.

——*Hiding from Humanity: Disgust, Shame, and the Law,* Princeton University Press, 2004.

Pogge, Thomas W. "An Egalitarian Law of Peoples," *Philosophy and Public Affairs*, 23(3), 1994.

——*Realizing Rawls,* Cornell University Press, 1989.

Rawls, John. "Kantian Constructivism in Moral Theory," *The Journal of Philosophy,* 77(9), 1980.

——*Political Liberalism* (expanded edn.), Columbia University Press, 1996.

——"Justice as Fairness: Political not Metaphysical," *Philosophy and Public Affairs*, 14(3), 1985.

Shue, Henry. *Basic Rights: Subsistence, Affluence, and U.S. Foreign Policy* (2nd edn.), Princeton University Press, 1996.

Steiner, Hillel. "Just Taxation and International Redistribution," in *Global Justice*, edited by Ian Shapiro & Lea Brilmayer, NYU Press, 1999.

The World Bank. *World Development Report*, 1978.

Wettstein, Florian. *Multinational Corporations and Global Justice: Human Rights Obligations of a Quasi-Governmental Institution*, Stanford University Press, 2009.

Young, Iris Marion. "Lived Body vs Gender: Reflections on Social Structure and Subjectivity", *Ratio*, 15(4), 2002.

法律文化社、2004年
ロバート・D・パットナム『孤独なボウリング——米国コミュニティの崩壊と再生』柴内康文訳、柏書房、2006年
——『われらの子ども——米国における機会格差の拡大』柴内康文訳、創元社、2017年
ロバート・ノージック『アナーキー・国家・ユートピア——国家の正当性とその限界』嶋津格訳、木鐸社、1995年
——『考えることを考える』(上・下)坂本百大他訳、青土社、1997年
——『生のなかの螺旋——自己と人生のダイアローグ』井上章子訳、青土社、1993年
ローレンス・コールバーグ『道徳性の発達と道徳教育』岩佐信道訳、麗澤大学出版会、1987年
Brighouse, Harry and Adam Swift. *Family Values: The Ethics of Parent-Child Relationships*, Princeton University Press, 2014.
Brock, Gillian. *Global Justice: A Cosmopolitan Account*, Oxford University Press, 2009.
Brock, Gillian and Michael Blake. *Debating Brain Drain: May Governments Restrict Emigration?*, Oxford University Press, 2015.
Finkel, Michael. *The Stranger in the Woods: The Extraordinary Story of the Last True Hermit*, Knopf, 2017.
Freeman, Samuel. "Distributive Justice and The Law of Peoples", in *Rawls's Law of Peoples: A Realistic Utopia?*, edited by R. Martin and D. Reidy, Oxford: Blackwell, 2006.
——*Rawls*, Routledge, 2007.
Goodin, Robert E. "What is So Special about Our Fellow Countrymen?," *Ethics,* 98(4), 1988.
Jones, Charles. *Global Justice: Defending Cosmopolitanism,* Oxford University Press, 1999.
Meade, James E. *Efficiency, Equality and the Ownership of Property*, Routledge, 2012.
Miller, Darid. *Stranger in our Midst: The Political Philosophy of*

――『義務に関する十一の試論――不服従、戦争、市民性』山口晃訳、而立書房、1993 年
――『アメリカ人であるとはどういうことか――歴史的自己省察の試み』古茂田宏訳、ミネルヴァ書房、2006 年
マイケル・J・サンデル『リベラリズムと正義の限界』（原著第二版）菊池理夫訳、勁草書房、2009 年
――『民主政の不満――公共哲学を求めるアメリカ』（上・下）金原恭子・小林正弥監訳、千葉大学人文社会科学研究科公共哲学センター訳、勁草書房、2010～11 年
――『これからの「正義」の話をしよう――いまを生き延びるための哲学』鬼澤忍訳、ハヤカワ・ノンフィクション文庫、2011 年
マーサ・C・ヌスバウム『女性と人間開発――潜在能力アプローチ』池本幸生・田口さつき・坪井ひろみ訳、岩波書店、2005 年
――『正義のフロンティア――障碍者・外国人・動物という境界を越えて』神島裕子訳、法政大学出版局、2012 年
マーサ・ヌスバウム他『国を愛するということ――愛国主義《パトリオティズム》の限界をめぐる論争』辰巳伸知・能川元一訳、人文書院、2000 年
マリー・ロスバード『自由の倫理学――リバタリアニズムの理論体系』森村進・森村たまき・鳥澤円訳、勁草書房、2003 年
森村進『財産権の理論』弘文堂、1995 年
――「リバタリアンな相続税」『一橋法学』6（3）、2007 年
――『自由はどこまで可能か――リバタリアニズム入門』講談社現代新書、2001 年
リチャード・プライス『祖国愛について』永井義雄訳、未来社、1966 年
ロナルド・ドゥオーキン『平等とは何か』小林公・大江洋・高橋秀治・高橋文彦訳、木鐸社、2002 年
ロバート・E・グーディン「正義のグローバル化」『グローバル化をどうとらえるか――ガヴァナンスの新地平』D・ヘルド／M・K・アーキブージ編、中谷義和監訳、

H・L・A・ハート「自由とその優先性についてのロールズの考え方」（中谷実訳）『法学・哲学論集』矢崎光圀・松浦好治訳者代表、みすず書房、1990年
ピーター・シンガー『実践の倫理　新版』山内友三郎・塚崎智監訳、昭和堂、1999年
――『グローバリゼーションの倫理学』山内友三郎・樫則章監訳、昭和堂、2005年
――『あなたが世界のためにできるたったひとつのこと――〈効果的な利他主義〉のすすめ』関美和訳、NHK出版、2015年
――『飢えと豊かさと道徳』児玉聡監訳、勁草書房、2018年
ヒレル・スタイナー『権利論――レフト・リバタリアニズム宣言』浅野幸治訳、新教出版社、2016年
ファビエンヌ・ブルジェール『ケアの社会　個人を支える政治』原山哲・山下りえ子・阿部又一郎訳、風間書房、2016年
プラトン『国家』（上・下）藤沢令夫訳、岩波文庫、1979年
――『ゴルギアス』加来彰俊訳、岩波文庫、1967年
――「クリトン」（田中美知太郎訳）『ソクラテスの弁明 ほか』田中美知太郎・藤澤令夫訳、中公クラシックス、2001年
――『饗宴』久保勉訳、岩波文庫、1952年
ブランコ・ミラノヴィッチ『大不平等――エレファントカーブが予測する未来』立木勝訳、みすず書房、2017年
ヘンリー・D・ソロー『ウォールデン　森の生活』今泉吉晴訳、小学館、2004年
――『一市民の反抗――良心の声に従う自由と権利』山口晃訳、文遊社、2005年
マイケル・ウォルツァー「哲学とデモクラシー」（齋藤純一訳）『政治的に考える――マイケル・ウォルツァー論集』デイヴィッド・ミラー編、萩原能久・齋藤純一監訳、風行社、2012年
――『正義の領分――多元性と平等の擁護』山口晃訳、而立書房、1999年

スーザン・M・オーキン『政治思想のなかの女——その西洋的伝統』田林葉・重森臣広訳、晃洋書房、2010年
——『正義・ジェンダー・家族』山根純佳・内藤準・久保田裕之訳、岩波書店、2013年
世界銀行『世界開発報告2000／2001——貧困との闘い』西川潤監訳、五十嵐友子訳、シュプリンガー・フェアラーク東京、2002年
高木八尺・末延三次・宮沢俊義編『人権宣言集』岩波文庫、1957年
チャールズ・ベイツ『国際秩序と正義』進藤榮一訳、岩波書店、1989年
チャンドラン・クカサス／フィリップ・ペティット『ロールズ——『正義論』とその批判者たち』山田八千子・嶋津格訳、勁草書房、1996年
デイヴィッド・ミラー『ナショナリティについて』富沢克・長谷川一年・施光恒・竹島博之訳、風行社、2007年
——『1冊でわかる 政治哲学』山岡龍一・森達也訳、岩波書店、2005年
——『国際正義とは何か——グローバル化とネーションとしての責任』富沢克・伊藤恭彦・長谷川一年・施光恒・竹島博之訳、風行社、2011年
ディオゲネス・ラエルティオス『ギリシア哲学者列伝』(中)加来彰俊訳、岩波文庫、1984年
トマス・ポッゲ『なぜ遠くの貧しい人への義務があるのか——世界的貧困と人権』立岩真也監訳、生活書院、2010年
夏目漱石『文学論(二)』講談社学術文庫、1979年
人間の安全保障委員会『安全保障の今日的課題』朝日新聞社、2003年
橋本祐子『リバタリアニズムと最小福祉国家——制度的ミニマリズムをめざして』勁草書房、2008年
パトリック・キングズレー『シリア難民——人類に突きつけられた21世紀最悪の難問』藤原朝子訳、ダイヤモンド社、2016年

オノラ・オニール『正義の境界』神島裕子訳、みすず書房、2016年
オリヴィエ・ブラン『オランプ・ドゥ・グージュ——フランス革命と女性の権利宣言』辻村みよ子監訳、信山社、2010年
キケロー「法律について」(岡道男訳)『キケロー選集8』岩波書店、1999年
——「義務について」(高橋宏幸訳)『キケロー選集9』岩波書店、1999年
キャロル・ギリガン『もうひとつの声——男女の道徳観のちがいと女性のアイデンティティ』岩男寿美子監訳、生田久美子・並木美智子訳、川島書店、1986年
ケネス・ドーヴァー『古代ギリシアの同性愛』中務哲郎・下田立行訳、リブロポート、1984年
サミュエル・フライシャッカー『分配的正義の歴史』中井大介訳、晃洋書房、2017年
ジョン・ロールズ『正義論　改訂版』川本隆史・福間聡・神島裕子訳、紀伊國屋書店、2010年
——『ロールズ 政治哲学史講義』(I・II) サミュエル・フリーマン編、齋藤純一・佐藤正志・谷澤正嗣・髙山裕二・小田川大典訳、岩波書店、2011年
——『ロールズ 哲学史講義』(上・下) バーバラ・ハーマン編、坂部恵監訳、久保田顕二・下野正俊・山根雄一郎訳、みすず書房、2005年
——『公正としての正義』田中成明編訳、木鐸社、1979年
——『公正としての正義 再説』エリン・ケリー編、田中成明・亀本洋・平井亮輔訳、岩波書店、2004年
——「万民の法」スティーヴン・シュート/スーザン・ハーリー編『人権について——オックスフォード・アムネスティ・レクチャーズ』中島吉弘・松田まゆみ訳、みすず書房、1998年
——『万民の法』中山竜一訳、岩波書店、2006年
ジョン・ロック『完訳　統治二論』加藤節訳、岩波文庫、2010年

参考文献

アダム・スミス『道徳感情論』高哲男訳、講談社学術文庫、2013年
――『国富論』（1～4）水田洋監訳、杉山忠平訳、岩波文庫、2000～01年
アマルティア・セン「何の平等か？」『合理的な愚か者――経済学=倫理学的探究』大庭健・川本隆史訳、勁草書房、1989年
――『不平等の再検討――潜在能力と自由』池本幸生・野上裕生・佐藤仁訳、岩波書店、1999年
――『自由と経済開発』石塚雅彦訳、日本経済新聞社、2000年
――『アイデンティティに先行する理性』細見和志訳、関西学院大学出版会、2003年
――『正義のアイデア』池本幸生訳、明石書店、2011年
荒このみ編『史料で読む　アメリカ文化史2　独立から南北戦争まで　1770年代―1850年代』東京大学出版会、2005年
アラスデア・マッキンタイア『美徳なき時代』篠﨑榮訳、みすず書房、1993年
アリストテレス『ニコマコス倫理学』（上・下）高田三郎訳、岩波文庫、1971年
ウィル・キムリッカ『新版　現代政治理論』千葉眞・岡﨑晴輝訳者代表、日本経済評論社、2005年
エヴァ・フェダー・キティ『愛の労働――あるいは依存とケアの正義論』岡野八代・牟田和恵監訳、白澤社、二〇一〇年
エマヌエル・カント『道徳形而上学原論』篠田英雄訳、岩波文庫、1976年
――『永遠平和のために』宇都宮芳明訳、岩波文庫、1985年
エルンスト・カントロヴィッチ『祖国のために死ぬこと』甚野尚志訳、みすず書房、1993年

神島裕子（かみしま・ゆうこ）

1971年生まれ．東京大学大学院総合文化研究科博士課程（国際社会学専攻）修了．中央大学商学部准教授などを経て，現在，立命館大学総合心理学部教授．博士（学術）．

著書『マーサ・ヌスバウム』（中央公論新社，2013年）
『ポスト・ロールズの正義論』（ミネルヴァ書房，2015年）
『逆境に克つ力』（小学館新書，2023年，共著）

訳書『正義論　改訂版』（ジョン・ロールズ著，紀伊國屋書店，2010年，共訳）
『アマルティア・センの思想』（ローレンス・ハミルトン著，みすず書房，2021年）
『政治的リベラリズム　増補版』（ジョン・ロールズ著，筑摩書房，2022年，共訳）ほか

正義《せいぎ》とは何《なに》か
中公新書 *2505*

2018年9月25日初版
2023年6月5日5版

著　者　神島裕子
発行者　安部順一

本文印刷　暁印刷
カバー印刷　大熊整美堂
製　本　小泉製本

発行所　中央公論新社
〒100-8152
東京都千代田区大手町1-7-1
電話　販売 03-5299-1730
　　　編集 03-5299-1830
URL https://www.chuko.co.jp/

Published by CHUOKORON-SHINSHA, INC.
Printed in Japan　ISBN978-4-12-102505-0 C1210

中公新書刊行のことば

いまからちょうど五世紀まえ、グーテンベルクが近代印刷術を発明したとき、書物の大量生産は潜在的可能性を獲得し、いまからちょうど一世紀まえ、世界のおもな文明国で義務教育制度が採用されたとき、書物の大量需要の潜在性が形成された。この二つの潜在性がはげしく現実化したのが現代である。

いまや、書物によって視野を拡大し、変りゆく世界に豊かに対応しようとする強い要求を私たちは抑えることができない。この要求にこたえる義務を、今日の書物は背負っている。だが、その義務は、たんに専門的知識の通俗化をはかることによって果たされるものでもなく、通俗的好奇心にうったえて、いたずらに発行部数の巨大さを誇ることによって果たされるものでもない。現代を真摯に生きようとする読者に、真に知るに価いする知識だけを選びだして提供すること、これが中公新書の最大の目標である。

私たちは、知識として錯覚しているものによってしばしば動かされ、裏切られる。私たちは、作為によってあたえられた知識のうえに生きることがあまりに多く、ゆるぎない事実を通して思索することがあまりにすくない。中公新書が、その一貫した特色として自らに課すものは、この事実のみの持つ無条件の説得力を発揮させることである。現代にあらたな意味を投げかけるべく待機している過去の歴史的事実もまた、中公新書によって数多く発掘されるであろう。

中公新書は、現代を自らの眼で見つめようとする、逞しい知的な読者の活力となることを欲している。

一九六二年一一月

中公新書

宗教・倫理

中公新書

経済・経営